法的全球化與全球化的法

Legal Globalization and Globalizing Laws

台灣大學國家發展研究所◎策劃

李炳南◎主編

劉靜怡等◎著

主編序

　　全球化是一個動態、辯證的過程，它穿透國際間的界線，強調超越國家個體、跨全球性的活動，並形成動態的連線，將世界各國串連起來而形成緊密的關係。因此全球化時代的來臨，意味著人與人之間的距離將逐漸縮小甚至消弭；全球化的範疇更是從經濟、政治等擴充到科技、勞動、文化、媒體、工業、國防領域。而維繫全球社會與規範的法律角色，是否跟隨全球化的腳步，建立起全球法律規範與共識，則是值得關注的課題。

　　商業倫理、租稅國家界限、移民人權保護、法哲學、憲政秩序、女性主義法學、財經刑法甚至是法經濟學，這些看似屬於法學底下的個別領域，面對激烈的全球化過程，在結構上卻是相互緊密關聯，需要用新的整合性思維來因應不斷變動且關係更為緊密的世界。

　　在這樣的脈絡下，本書蒐集十篇法律學者的演講稿，內容橫跨當今法學科際整合研究中極為重要的議題與方向，範圍遍及法學之公法及私法領域，及其與全球化中之哲學、財經、政治、社會及女性主義等學門，透過跨領域的結合與交叉研究，企圖提供與建構具有前瞻性的法學觀點。

　　葛祥林教授從四個案例來探討國內與國際的商業倫理模式與趨勢；葛克昌教授從 J. A. Schumpeter 的租稅國界限說來討論稅法的雙重功能及其複雜性；劉劍文教授介紹中國大陸的稅制體系並且提出相關改革方案；廖元豪教授從移民人權保護來討論全球化

下的公法發展,並且從全球化的角度來釐清移民人權是否受到保障;王鵬翔教授則從法哲學角度提出相關法的語意學概念;張文貞教授從全球化觀點來分析全球憲政秩序並提出精闢的結論與建議;陳起行教授從自然法學、歷史法學、實證法學和社會法學等角度來探討法義理學與法律思想史的關聯性;陳昭如教授從比較法的角度出發,剖析東西方女性主義在法學上的落實成果;陳志龍教授探討在全球化下的世界經濟共同體中,財經刑法的發展與相關問題;最後,劉靜怡教授則是將法與經濟做一整合,法律經濟學為全球化法學提供了另一個思考的架構與方向。

總體而言,本書各篇文章呼應現行國際社會所面對的各項重要問題,不僅從法學的觀點來看全球化,也從全球化的視野來看法學發展,為全球化下的法學領域提供了多元化的貢獻;並且希望在無法避免的全球化浪潮下,為建構一套為世界各方所接受的法律規範跨出微小的一步。

台灣大學國家發展研究所

李炳南

二〇〇八年一月十日

目　錄

第一章
商業倫理與法律

葛祥林

學歷：台灣大學三民主義研究所法學博士

現職：玄奘大學法律學系副教授

研究專長：法理學

演講日期：2005 年 10 月 5 日

一、前言

　　本文思索商業倫理與法律的互動，並且依照實例來指出商業倫理如何推動法的國際化。由於大多數的法學者對於商業倫理的概念不清楚，所以當然也未曾思考過自己的學科領域是否受到來自商業倫理的刺激與影響。因此，本文首先簡略地介紹商業倫理的概念，然後論及商業倫理在國內法的法制化模式，以及其在國際上的法制化趨勢。在較偏向理論性的檢討以後，本文接續依照實際的案例來指出，商業倫理的法制化過程同時也具有法的國際化過程之特徵。關於後者，相關案例不僅表現出該過程之未完成性，也呈現商業倫理不予以法制化或未予以法制化所帶來的種種困難。阻礙商業倫理國際性法制化過程的主要因素，是現行政治框架的不足。雖然如此，相關案例同時也顯現由此所形成的缺失，使得與商業倫理相關的法律現象日後不斷地、必然地繼續邁向國際化來發展。基於篇幅的關係，本文僅選出少數幾個相關案例，即由商業倫理的角度討論公平交易法之國際化、反賄賂公約、國際性行銷倫理以及跨國企業中之勞工基本權等。在結論的部分，本文總結相關案例所呈現的經驗，並且簡評法規範的國際化趨勢已發展到何處，也略述此種未完善的國際化法規範所引發的困難何在。

二、商業倫理的概念

　　論及商業倫理的概念時，第一個所面對的問題即是翻譯的問

題，英文習慣性的用詞係 Business Ethics，但在中文，該語詞卻有兩種不同譯稱：「商業倫理」以及「企業倫理」，問題在於 business 所指的意思究竟係一種個體的、還是一種集體的（例如某市場行業類別的）現象；若是前者，則翻譯上應偏向於「企業倫理」，若是後者，則應選「商業倫理」的譯稱。可是，當我們從國外的相關理論出發，卻指不出該學科之研究關於個體或集體的特定偏好，反而可以看到相關研究由微觀至宏觀的層次無所不包[1]。具體言之，企業內在（即個人或組織）的倫理問題以及企業外在（即遠超過個體企業）之整體行業、整體社會或國際上的倫理問題，都有可能成為商業倫理的問題。當我們查一下相關教科書所提供的定義時，就查出例如「領導企業行為的標準與原則」一定義[2]。雖然乍看之下，商業倫理依此定義未必與法律發生什麼關聯，但引用該定義於具體情況時，商業倫理與法律間發生密初關聯性的潛力立即顯現出來；舉例言之，企業是否要發三節獎金？哪一位企業主管可以享有公司車的待遇？在任何一家具有一定規模的企業，這些問題都不是依據一個偶然的標準或依據不明原則予以決定的。這也就是很多企業之所以要經由公司規章或經由類似公司規章的文獻予以規範相關問題的道理[3]。然而，相關問題不僅關係

---

[1] 以個人、企業以及經濟、社會、政治等基本制度，此三個不同範疇為商業倫理的主要分析層次者，參看例如 IP Po-Keung, "Profit and Morality: Problems in Business Ethics", in Gerhold K. Becker (ed.), *Ethics in Business and Society. Chinese and Western Perspectives*, Berlin, New York: Springer, 1996, pp.25-41。

[2] 參看 Ferrell, O. C., Fraedrich, J., & Ferrell, L., *Business Ethics: Ethical Decision Making and Cases*, 4th ed., Boston, New York: Houghton Mifflin, 2000, p.6。

[3] 當然，美國企業採取公司規章制度的原因不僅是公司內部管理方便，部分也是因為聯邦處刑委員會（Federal Sentencing Commission）依公司是否採取公司規章制度，而考慮到公司在兩罰原則下的責任輕重，使公司為了預防未來可能遭遇到重責，而在完全看不出違法行為的情況下都已採取公司規章制；有關此點，參看 Ferrell, O. C., Fraedrich, J., & Ferrell, L., *Business*

到公司如何支出錢財，也關係到一些在法律上較敏感的話題：送小額金錢算禮，但金額超過一定數額，就有可能牽涉到賄賂、背信等罪名。因此，領導企業行為的標準與原則經常由企業本身的角度規範一些與法律相關的問題。企業在此所考慮的很可能不只是單一法領域，反而是多層的問題；例如，早在性騷擾防制法立法之前，很多企業於其公司章程等文獻中已規範相關事宜，且依事件的輕重預設不同反應模式，輕者則僅提出警告，重者則可能解雇，甚至有可能提起訴訟而要求損害賠償等等。可見，企業經常在一些原先不屬於法規範的問題領域中自行立下規範，且利用私法自治原則來賦予相關規範一切民法上的拘束力，即經由與員工締結契約的方式，使這種未法制化的規範可以成為法院的裁判依據。因此，企業也好，行業也好，經常運用相關制度來補充既有法體系的規範。由此就可以看到，商業倫理所創造的規範與法規範並沒有什麼原則性的衝突，反而經常出現一種互通互補的狀況。

基於此，我們就可以看到商業倫理的概念，雖然於定義上看起來似乎想要與法律保持一定距離，但在如何貫徹倫理規範的問題上，非常容易與法規範予以匯集。如此一看，就能夠瞭解，為何另一種定義同時強調商業倫理與法律相互對立的特徵，但幾乎同時認定，貫徹商業倫理的手段時常仍舊是法律：假如由經濟、法律、商業倫理及博愛等領域所負擔的責任來看，則商業倫理的責任首先指「社會由企業、商業所期待的、未法制化的行為和活動」（behaviors or activities that are expected of business by society but are not codified in law）[4]，但因為相關期待經常導出相關立法或

Ethics: Ethical Decision Making and Cases, 4th ed., Boston, New York: Houghton Mifflin, 2000, p.11f。

[4] Ferrell, O. C., Fraedrich, J., & Ferreli, L., _Business Ethics: Ethical Decision_

引發相關契約之締結，所以到最後仍然可以變成訴訟中的請求權基礎。換言之，若我們能夠及早知道商業倫理的議題發生哪些變化、社會在缺乏成文法規範之條件下期待些什麼，我們就可以在一定程度上瞭解今日之訴訟難題，並且預期明日之立法導向。這麼一看，普魯士名法學家 Savigny[5] 於十九世紀初的名言「法就是民族精神的具體表現」不僅係表述德國早期邁向成文法的歷史過程（以及其對於任意立法的否定），也說明現代社會在法制化所顯現的特性。然而，若倫理責任的本質在於社會期待，則這樣的倫理責任究竟要如何經由法律制裁而被貫徹？其法制化是否構成一種必然的趨勢？貫徹相關社會期待的手段是否還有其他的、法律以外的方法？若有，這些方法與法律及法制化過程是否呈現一種競合的局面，還是兩者互補？由於相關問題的理論探討尚未成熟，所以必須大量依賴案例分析。

三、商業倫理於國內法的法制化模式

雖然商業倫理有可能如上所述，經由公司規章以及（集體）契約而獲得司法裁判上的肯定，使旁觀者似乎以為，此迆接關係具有一種自動朝著法制化方向發展的內在機制，但表現出商業倫理意涵的現象，事實上並不是那麼單調的，也不是那麼單純的，反而是多采多姿的；因此，商業倫理本身也絕不可能都這麼簡單地和法制相結合，所以研究者到最後也不可能這麼容易地得到相

Making and Cases, 4th ed., Boston, New York: Houghton Mifflin, 2000, p.7.

[5] Carl von Savigny（1779-1861），德國法學者，曾擔任普魯士法務部長；有關 Savigny 之歷史法學派的主張，參看例如楊日然，《法理學》，台北：三民書局，2005.10，頁 175 等。

關結論；即研究者不可能只篩選哪些議題經過法院的認可，就可以推定這些議題已法制化[6]了。

　　雖然法院依相關規章為裁判依據，當然使得相關倫理議題予以法制化，但除此之外，還有好幾個其他的法制化途徑，且這些途徑同樣的讓倫理議題予以法制化。萬一社會期待從一開始就無法形成社會與企業經營間的共識，則沒有人能夠在企業內部推動公司規章（或行業規章）的擬定。此種無法經由社會與企業等雙方合意而解決糾紛的情形，在傳統上多數或形成社會對於企業的（影射性）質疑、或凝聚成一個清晰的社會訴求，並且創造消費杯葛（consumer boycott）的溫床。因為消費杯葛在法律上頂多是無形的（即未經過規範）[7]，所以不可能具有任何法律形式或法制化傾向，因為消費杯葛從未得到任何固定的法律形式，所以也難以直接導致相關議題的法制化；遇到杯葛時，商業倫理議題的法制化反而須依賴該議題的再度轉化，方有可能被法規範予以納入。除了契約與杯葛等兩種傳統的、表現出商業倫理議題的協調及衝突模式以外，現代社會中還可以看到幾個新型的解決商業倫理爭議的模式，尤其值得注意非政府組織及國際企業在媒體及投資等市場上的相互爭奪與角力。

---

[6] 「法制化」係指任何由法外（未規範）至法內的轉變過程；因此，特定現象是否法制化，就可以依司法裁判有無評價該現象之法源為判斷標準。基於此理解，本處之法制化概念係指，源自於當事人約定之裁判依據在司法審判上獲得肯定；易言之，原本處於成文法以外的倫理規範被司法裁判予以承認為補充法源，該倫理規範因而成為法規範的一部分。有關補充法源之概念，參看楊日然，《法理學》，台北：三民，2005.10，頁132等。

[7] 因消費杯葛往往必須獲得市場參與者的支持，才可能發揮效力，所以推動杯葛的人經常運用大眾媒體的有關報導，方能達到其所期盼的結果，但運用媒體時，就容易變成他人的攻擊目標。例如林山田等人所推動的消費杯葛（退《聯合報》運動），後續引起刑法上糾紛，使推動該杯葛者於第一審遭到誹謗罪之有罪判決。因此，在相關社會期盼未予以法制化之前，消費杯葛難以獲得法律上的特別保護，也無法借用任何法律形式，使其能夠發揮一種阻卻違法事由的力量。

　　商業倫理領域既然有不同種類的衝突，當然也形成不同解決衝突的模式，而不同解決衝突的模式又帶來不同法制化的模式。雖然如此，首先還是暫時回到以公司規章實現商業倫理議題的情況。在此可以看到，公司規章如同任何契約一樣，都基於當事人間的共識而形成其法律上的拘束力。然而，恰好因為公司規章所規範的議題沒有直接被法律予以規範，也因為相關議題直接反應一個不十分具體的社會期待，所以在內容上與傳統的、例外時才可能發生變化的契約概念有所出入，因為任何企業的公司規章必須不斷被修正，才可能同時滿足企業在充滿變化與競爭市場上的現實需求，以及多變不定的社會期待。因此，商業倫理的理論與實務經常強調，企業內部必須在公司規章之擬定以及在其推行上，都長期與各個參與者（即公司職員）保持一種擬定、訓練、實行、檢討、修正（即重擬）等多種階段的循環[8]。

　　若在此條件下考慮，企業或行業如此相對不穩定的內部規範有無可能不僅在個別的契約基礎上透過司法判決被承認，即在一定程度被承認為補充法源，該規範是否可以變成一個具有普遍效率的法規範，則面對倫理規範與法規範的相互滲透問題。其中一般可以看到三種不同的基本局面：(1)倫理規範相對穩定，並且在整個行業已獲得普遍認同，使立法者能夠順勢肯定相關規範為一種具概括拘束力的成文法規範；(2)雖然倫理規範尚未達到相對穩定的階段，但由於其所規範的議題受到立法者的重視，所以仍使相關議題能夠經由權威式的規範創造而解決；(3)雖然倫理衝突的當事人間未出現共識（即在公司規章中未出現合乎社會期待之相

---

[8] 該循環的環節究竟有幾個，因作者而異，但通常在四到八之間，主要導致差異的因素在於宣傳、控管及（企業內部）獎懲等要素是否被肯定為獨立的環節，參看例如 Kitson, A., & Campbell, R., "Corporate Codes and Ethics," in Alan Malachowski (ed.), *Business Ethics: Critical Perspectives on Business and Management*, London, New York: Routledge, 2001, pp.260-274。

關商業倫理議題的規範），但由於立法者瞭解到該議題具立法上之
必要性（legislative need），所以仍然規範之。除了如此的基本層面，
當然也可以看到其他法制化的案例：正是由於「法制化」係指（裁
判）法源之建構過程，且由於相關法源未必都屬於立法者三讀通
過的法律，所以商業倫理法制化的過程當然不限於立法，同時也
可能包括行政命令之制定、司法經由裁判所創造的判例和先例等
等[9]。因此，商業倫理法制化（如同其他進入立法程序之議題）有
著其多元的模式和條件，假如社會期待與企業領導能夠找出一個
多面認同的行為標準，則商業倫理可以經由企業內在之「意思表
示」而形成契約基礎；假設企業不願意將社會期待納入其內在規
範，即與社會期待發生衝突，則相關議題只好透過經濟責任之調
整（消費杯葛）或透過法律責任之創造（立法），而尋找解決糾紛
的途徑。假如社會期待與企業領導關於企業的行為標準持有合意
的態度，但企業並沒有形成內在相關文獻時，則法院仍然可以經
由判決，而賦予企業的相關行動模式一種以「習慣」為由的補充
法源地位。司法經由如此個案判決而創造拘束日後一切類似案件
的判例具有準立法功能，並且形成相關不成文法規範。由過去判
決來看，台灣司法最容易承認企業以及企業間的行為標準，就是
所謂「行規」；除此之外，公平交易法不僅繼受外國法例，經由此
外國法例的繼受也無形中接收了很多相關判例，並且將之納入公
平交易法領域的規範原則。這些外國法例有相當一部分也同樣是
以承認行規為主要內容。

---

[9] 法學理論通常以權力分立為憲政體制之基礎思想，所以甚至主張，法官造
法違背法官應遵守的（即限於適用法律的）職權；然而由司法實務觀之，
司法判決當然具「準立法功能」，即在一定範圍內創造一個之前所未有的裁
判規範。參看例如亞圖・考夫曼，《法律哲學》，劉幸義等譯，台北：五南，
2000.7，初版，頁 160，註 13。

四、商業倫理於國際上的法制化趨勢

　　上述法制化模式幾乎都是商業倫理於國內法的法制化情形。若商業倫理對於法制建設的影響僅如此，若商業倫理議題只不過如同一般社會議題透過多種管道而展現法制化的趨勢，那麼相關現象較沒什麼特別，換言之，相關現象不外乎 Savigny 於十九世紀初之歷史法學派中所討論的民族精神之客觀化，也不外乎 Hegel[10] 似乎同時所談的，由主觀精神（即由雙方所約好的主觀權利〔subjektives Recht〕）形成客觀精神（即國家在一般情況所承認及所貫徹的客觀法律〔objektives Recht〕）的轉化過程。

　　然而，現代社會所面對的挑戰與困境經常是前所未有的現象，例如「全球性商業行為 vs.各國之國內法規範」，已與鴉片戰爭時列強根本質疑中國國內法具有法律本質全然不同；同樣屬於有效法律的各國國內法，皆面臨來自國際性商業行為以及其背後之商業倫理的統合壓力。從這個角度看來，全球性商業行為當然會考慮企業在可以任意選擇的不同法律制度下的競爭條件與競爭優勢何在。舉例言之，一般製造業必須考慮到最佳的成本組合要怎樣才能達成，所以必須同時考慮勞動市場之供應問題（具備一定技術水平之職員好不好找、聘用條件〔如薪資、由社會福利所延伸之附加勞動成本等等〕是什麼）以及其他成本因素（如原材料、半成品、消費市場、能源供應之穩定性及其費用、運輸條件及其

---

[10] Georg Wilhelm Friedrich Hegel（1770-1831），德國（法）哲學家；有關 Hegel 哲學之影響史及主客觀正義主副關係之顛覆，參看陳顯武、葛祥林，〈法價值論中之超人格主義〉，載於《台大法學論叢》，第 32 卷，第 2 期，2003.3，頁 15 等。

費用等等），並且依此將自己的製造過程予以最佳化。不少廠商因此而遷廠，即依勞動成本（薪資及社會福利制度依法所造成之成本）及裁員制度（即企業主在勞動政策上所享有之彈性）為由，而改變其製造商品的所在地。因此，為了規避某地之國內法規範，具有全球視野的商業行為很可能選擇其他地方的法規範，使國與國之間形成一種前所未有的統合壓力。因此，例如德國基於此壓力而開放所謂「一歐元就業」（Ein Euro Job），即在德國平均國民生產毛額高達 29.134 美元（大約新台幣九百元）的前提下，允許非營利為目的之雇主在一定條件下，僅支付每週三十小時、每小時一歐元（大約新台幣四十元）的薪資[11]〔即允許部分就業者每月僅獲得一百二十歐元（大約新台幣四千八百元）的薪資[12]〕；此種報酬明顯在中國大陸沿海地區的平均薪資以下[13]。雖然相關就業措施限於非營利事業，但此一措施必然壓低整個就業市場的薪資結構。可見，企業的行為規範超越（各國的）法規範。正是此行為規範與法規範間的落差導致商業倫理在國際上的法制化壓力與趨勢。

因此，商業倫理有無法規範上的直接基礎，或許日後不那麼重要，因為國際性的商業習慣或國際性的理念價值，都有可能使得商業行為所引起的糾紛可以同時在多種國家予以解決，即企業在他國的商業行為，在我國司法體制內可以被起訴，即導致審判

---

[11] 雖然「一歐元就業」的政策主要是想將失業者重新投入就業市場，但相關薪資當然在獲得社會福利津貼的門檻以下，參看德國聯邦勞動局之相關資訊，例如 http://www.arbeitsagentur.de/vam/vamController/CMSConversation/anzeigeContent? docId=65816&rqc=2&ls=false&ut=0。

[12] 薪資在社會福利津貼門檻以下之勞動者的人數，目前大約兩百萬人（這些人有權利，除了薪資以外還領取部分社會救助金）；參看 http://www.mdr.de/fakt/2588243.html。

[13] 基於此政策，德國勞動部長於訪問時承認，已形成大約三十萬名貧窮就業者（working poor），參看 http://www.tagesschau.de/aktuell/meldungen/0,1185,OID5390026,00.html。

權及管轄權等概念被調整。國際私法早已將限於國內法的審判權予以開放：傳統國際私法允許具有涉外因素之案件，依當事人之約定或依土地管轄之管轄繫屬事由而受到特定國家的司法裁判。然而，在包商及承包製造等業務出現多國多企業之多層次的複雜局面，例如美國法院[14]已開始進一步地超越此傳統國際私法的束縛而回歸「法前」（vorrechtlich）的價值訴求，即要求企業行為在不分國界的前提下，合乎一般的社會期待，即依據一種典型的商業倫理價值體系，要求企業調整其具體的商業行為。當然，由於現今國際私法的實務在此並不一致，所以有可能出現一事多判的情況，即多國基於多種規範形成同一案件之相互矛盾的多宗判決。可是，此種司法事務在國與國間的不協調與衝突，更使得引起此種矛盾的商業倫理形成一種國際性的法制化壓力與趨勢。如此才可能使得制裁規範與行為規範相互一致。

　　相關文獻在此所呈現的法制化模式有多種：第一個模式屬於傳統法制，即以國內法為主，將一國的國內法制度予以延伸；在此又有不同次類，一方面有可能他國普遍地接受某國的法規範或法制化模式，使各個國家形成平行立法的趨勢；另一方面有可能多國依特定立法例為樣本而簽訂國際條約，使多國同時為特定立法而背書，即背書後採取共同行動。第二個模式則是在各簽署國尚缺乏相關法規範的前提下簽訂國際性契約。第三個模式則是運用契約自主性（Vertragsautonomie），即肯定契約當事人可以或應該約定管轄法院，使契約當事人不必考慮到相關糾紛是否具備傳統土地管轄的繫屬點，即明文放棄傳統的管轄權及審判權等概念。第四個法制化模式則是國際習慣，即如同國內法之習慣法，允許法院依國際性習慣之存在與否，而突破傳統審判權及管轄權

---

[14] 參看下文案例分析四。

等概念的束縛。當然,一眼看這些模式,可能以為這沒什麼,至少前三個模式老早都已形成了,所以大致上沒什麼新意。可是,若詳看下述案例分析,就可以看到相關模式在商業倫理法制化的議題上,皆呈現其各自的獨特風貌。

五、案例分析一:公平交易法之國際化

公平交易的概念第一次被提出來,大約是在一九二○年代的美國[15],當時的公平交易訴求屬於倫理訴求,即缺乏法規範中的依據,反而依賴社會期待,方得以實現。不久之後,美國出現公平交易予以法制化的時期,加州於一九三一年成為美國第一個通過關於公平交易之立法的州。之後,公平交易法開始蔓延到各地,其他州或許自行發現有必要制定公平交易法,或許被外界說服有必要制定公平交易法。因此,此州際間所發生的立法潮流與事後在國際上所發生的規範化運動,有相似的形成要素:市場經濟的運作邏輯要求一個統一的行為規範,以免競爭由於條件不一而被扭曲。基於此,美國各州在一九三一年到一九三七年之間採取相關立法。

台灣當時還以第一產業為主,超過百分之五十的國民所得於一九三○年代都是農業所創造的,所以殖民時期的台灣根本沒有相關的問題意識;國民政府在光復及遷台後居於相同的條件:製

---

[15] 在談起「商業倫理規章」(Codes of Business Ethics)時,Edgar Heermance 似乎已有公平交易的問題意識,但尚未直接適用此概念,反而以 unfair competition, unfair trade, fair dealings, fair play, fair business practice 等概念敘述相關事宜,但比該文僅晚五年的首創立法例已名正言順地適用 Fair Trade 的概念。可見,美國社會於一九二六年已形成此概念所必要的問題意識,所以後續可以很迅速地接受之。參看 Heermance, E., *The Ethics of Business: A Study of Current Standards*, New York, London: Harper, 1926, pp.18-23。

造業尚未發達，所以現實上完全沒有必要來推動公平交易立法。
台灣製造業自一九六〇年代起迅速發展，並且投入國際貿易，於
是，國內法學界以及國內產業界皆瞭解到公平交易法的基本概念
與事務，但威權時期的政府並不希望國有企業以及其他受間接掌
控的企業忽然間要得到一個開放的、公平的交易環境。直到美國
面臨來自台灣的貿易逆差問題時，美國以及國內部分業者和學界
關於公平交易立法之訴求，才使得原先多年未排入議程的公平交
易法終於能夠三讀通過。可見，國際上出現平行立法的前提要件
在於概念的國際化（有無相應的概念範疇）、附屬條件的國際化（有
無現實社會的必要性）以及精神條件的國際化（有無意願來創設
調解相關糾紛的機制）。由此應該可以部分修正 Marx[16]的概念架
構，即上層建築與物質基礎（下層建築）都必須相符[17]，方可成功
地改變生產（及交易）模式；也因為如此，所以要等到條件成熟
時，階梯式的多國平行立法才可能名副其實地實現。若上下層建
築不相符，則立法者當然可以採取超前的立法措施，但相關立法
要等到物質基礎也成熟時，才可能發揮其應有的功能；在此之前，
超前立法不過是法規範中的象徵性圖騰，卻無法在日常生活中予
以落實。

　　除此之外，商業倫理的國際性平行立法還表現出其他的、使
整個發展情況更顯複雜的因素。法規範以及學者以「公平交易」
理念所指的現象有其歷史性，所以因時空而異；換言之，平行立
法不全然重複他國的立法例，反而依據其立法時的時代背景有所

---

[16] 編按：Karl Marx，一八一八年五月生於德國，一八四五至一八四七年間加
　　入共產黨，和 Friedrich Engels 都加入第一國際（The International Working
　　Men's Association，一八六四年建立），之後 Marx 成為其領袖，著有《資本
　　論》（Das Kapital）等著作。
[17] 依 Engels 在信中的詮釋，Marx 從未主張物質基礎絕對地影響上層建築，
　　其僅決定性地影響之；然而，依本文之見解，概念結構與物質基礎必須先
　　前具備基本的相容性，才可能發揮任何良性互動或相互影響。

增減。舉例言之,台灣公平交易法很重要的規範項目之一,在於反企業之壟斷行為;此方面的早期立法例有多種:美國首次於一八九〇年的謝爾曼反托拉斯法(Sherman Antitrust Law)就規範之,德國於一九〇九年的反不正當競爭法(Gesetz über den unerlaubten Wettbewerb, UWG)也規範相關議題。無論係前者還是後者的立法例,都發生在一個尚未提出公平交易理念的時代,但後續被理解為公平交易的重要規範項目之一,公平交易的概念在此顯然發生了一種增添的現象。於一九三〇年代原來被認定為公平交易的重要項目之一:小零售商與大連鎖賣場間的(毀滅性)競爭,反而早已被排除在公平交易法以外,或甚至導致許多依此為主要規範項目的州立法被廢除;此乃屬公平交易理念的縮減現象。此兩種現象都同樣地反應出市場及倫理等範疇的變遷帶動法規範的變遷。

基於上述事實變遷,支撐倫理規範的社會期待以及其所帶動的法規範也均發生了變遷;藉此方能理解,在來自於美國的壓力之下,台灣為什麼於一九九一年終於制定了公平交易法,但美國國會卻早於一九七二年已廢除公平交易法。整體來講,我們還是可以看到依照經濟發展的程度,有些地區發展速度較快,所以先行規範與該發展有關的現象,過了一段時間之後,其他區域的發展水平也提升了,使該地區跟進先進的概念及規範等發展。雖然歷史法學派曾經否認法律繼受的可能性,但由台灣公平交易法的繼受過程來看,只要是政經社等因素的發展水平是相似的,法律繼受仍屬可行,且不必然經過超前立法的階段。毫無疑問,商業倫理的國際性行為範疇在此是多國採取相關立法,即提供一致性競爭條件的重要動因。

六、案例分析二：反賄賂公約

　　公平交易有時出現很大的漏洞，即交易僅表面上看來公平，但實質上因綁標、圍標等事宜而發生嚴重扭曲。此現象在國內已層出不窮，但在國際上，「賄賂」（bribery）此一幕後黑手甚至將不少國家推向破產的命運：很多非洲窮困國家的公債與國際性賄賂是非常直接相關的。許多「非政府組織」（NGO）[18]皆指出，最窮的幾個國家的公債不應該由這些國家來自行清償，反而應該被先進國家的債權人免除。為什麼非政府組織要求解除相關國家的履約責任？理由很簡單：這些國家的公債是先進國家的企業在完全明白當事人無償還能力的前提下，經由賄賂當地菁英所談成的。若先進國家的銀行允許（且核准相關融資計畫就是一種允許）先進國家的企業向未開發國家或向開發中國家行賄，則相關銀行應該很清楚：企業所貢獻的幾個公共工程對於當地社會發展沒有多大助益，但營造商確實賺了錢（即將該錢匯回其企業主要所在地），黑官也收了錢〔即將該錢滙出至某海外銀行的「密碼戶頭」（number account）[19]〕，可是當地社會再怎麼被壓榨，就是無法償還相關費用。所以這就造成了公平交易很大一個漏洞，也就造成了商業倫理很重要的議題。

　　過去不只一個，有好幾個國家被銀行團以及當地後繼的執政

---

[18]　編按：非政府組織（Non-Governmental Organization, NGO），是一個不屬於政府、不由國家建立的組織，通常獨立於政府之外，是非營利組織。現在該名詞的使用一般與聯合國或由聯合國指派的權威非政府組織相關。

[19]　由於銀行在相關戶頭所有權方面僅認密碼、不認人，所以成為賺黑心錢者的最愛；此類戶頭最著名的供應地是瑞士，但例如盧森堡、奧地利、開曼群島、維京群島及其他境外金融區（Offshore Banking Zone）等等，也都分享相關財富。

者壓榨：餓死的餓死了、政變的政變了，但國家雖窮，仍持續地
背負著還錢的壓力，長達幾十年。近幾年才看出情況稍有改善，
由於美國親身經歷了由失敗國家（failed state）所形成的恐怖活動，
所以終於不再反對改革的訴求，反而與其他先進國家共同回應非
政府組織（以及少數工業國同被公債所深害的開發中國家）的訴
求，即表示願意清理最窮困幾個國家的債務。英國甚至於二〇〇
五年召開了國際會議，思考要如何在債務問題以外改進非洲諸國
的處境。因此，不少人認為，後殖民時代（post-colonialism）開發
問題的起源，在於跨國企業與當地政府官員間的行賄、受賄等情
形。其中得利者是已開發國家的(1)跨國企業；(2)少數融資銀行；
(3)當地官員以及由相關工程所獲利的少數；(4)當地資本家。為此
必須付出代價的是(1)被工程趕走的當地居民；(2)首當其衝背負債
務的當地社會；以及(3)跨國企業和融資銀行所在地的納稅人（因
為後者必須承擔由政府所擔保的、到最後被宣告不必償的濫帳、
呆帳等等）。

　　所以商業倫理的學者也好、企業家也好、相關部門的官員也
好，大家這幾年都在思考此一倫理議題：可否克制這樣一個惡性
扭曲公平交易的現象[20]。假如資本市場是透明的，國家要舉債之
前，就必須在融資方面考慮該國有無償還能力；如果此條件不存
在，即如果無法進行財力評估時，有沒有別的辦法防止相關貸款
將來變成濫帳。然而，若當地官員為謀（私）利而提供公共預算
之不實資料，融資機構傳統的財力評估就難以客觀，即難以防止

---

[20] 關於此問題，參看例如 Abbott, K. W. & Snidal, D., "Values and Interests:
International Legalization in the Fight against Corruption," in *Journal of Legal
Studies*, 31 (Jan 2002), pp.141-178; Dunfee, T. W., & Donaldson, T. J.,
"Untangling the Corruption Knot: Bribery Viewed through the Lens of
Integrative Social Contract Theory," in Norman E. Bowoi (ed.), *The Blackwell
Guide to Business Ethics*, Malden/Mass., Oxford: Blackwell, 2002, pp.61-76。

相關弊端。因為部分公共工程案的預算甚至超過某些國家一整年的預算，所以其中的賄賂金額當然就夠受賄者享幾代的財富。因此，當地政府很難被期待能有效克制相關不法現象，反而很容易變成一個全面合作的共犯結構。此情況到最後演變成：誰收什麼紅包，不可能有人去查。

歷年來最囂張的一個惡例，應該算是中非共和國[21]（中非帝國[22]）的總統（皇帝）Jean-Bedel Bokassa。這個國家是一個世界級窮困的國家，但 Bokassa 在此地所撈到的財富、所收得的賄賂，其數目多到難以想像的程度。當 Bokassa 因政變而被迫要留亡國外時，連一向對在前殖民地曾合作的官員都很友好的法國政府都不敢收留他。發生政變之後，Bokassa 的專機已經降落法國，但法國政府說對不起，我們知道你在銀行的存款很多，但我們不敢讓你來住，否則的話，會在全非洲、甚至會在法國本身掛不住面子；可見此人當時的名聲多黑。此種他國政府不敢收留的案例並不多，事實反而是暴君和貪官在政變後大都得以逃走，且除非逃亡者明顯侵犯了國際刑事法典，否則一定能找到一個避風港[23]。

由此可知，一般的公平交易法根本未曾想到，非公平交易的

---

[21] 編按：中非原為販售黑奴之交通衢道，一八九四年納入法屬剛果，一九〇三年成為法屬烏班基・夏利領地（Territoire d'Oubangui-Chari），一九五八年成立自治政府，之後成為半自治之中非共和國，Barthélemy Boganda 為首任總理，但隨即於一九五九年死於空難。David Dacko 繼任總理，並於一九六〇年八月十三日正式獨立後擔任第一任總統。

[22] 編按：中非共和國獨立後經濟嚴重衰退，全賴法國援助。一九六六年一月一日 Jean-Bedel Bokassa 上校發動政變，奪取政權，並於一九七七年登基稱帝。一九七九年九月，前總統 David Dacko 趁 Bokassa 訪問利比亞時，發動不流血政變，法國從加彭派兵支持，取消帝國，Bokassa 流亡法國。

[23] 舉例言之，曾經獲得台灣外交支援的 Charles Taylor 無法在失去賴比瑞亞政權後而長期逃走；他二〇〇六年之所以被奈及利亞引渡至賴比瑞亞的司法機構的主要理由，是他變成背負國際刑事法典罪名的被告；參看 Doyle, M., "Charles Taylor–Preacher, Warlord and President," in BBC NEWS (June 4, 2003), http://news.bbc.co.uk/2/hi/africa/2963086.stm。

現象可以讓一個國家慘到整個國家被賣掉了。因此就必須考慮：
這樣的問題如何解決？當在某個國家裏連首領都在吃紅時，要如
何克制該國的賄賂現象？因收賄地不可能解決此問題，所以有人
考慮到，究竟是誰給予賄賂？一定是某些先進工業國家的跨國企
業。因此，要杜絕這樣的現象，就不可能從這些窮困國家來著手，
反而必須從源頭來防治和處理之。

先進國家長久以來就注意到這些問題，所以在經濟合作暨發
展組織（OECD）[24]早已提出一個杜絕國際性投標與反賄賂保障的
機制。據 OECD 的資料所示，二〇〇二至二〇〇三年總共有四十
個大型案件牽涉到國際性投標與賄賂，該案件通過而成交的商業
利益高達二千三百億美元；在二〇〇三至二〇〇四年，相關案件
增加至四十七件，但其所代表的金額減少至一千八百億美元。

看到這麼龐大的金額，就知道其中的經濟利益不僅牽涉到行
賄地，對於跨國企業的母國而言，相關利益也非同小可。因此，
假設任何一個工業國在此情況下，有效地防止自己國內的企業在
國外行賄，該國就會喪失不少經濟利益（如就業機會等等），但無
法得到合乎倫理訴求的好處。因此，為了形成國際上之公平交易
條件，先進工業國家（以及許多其他國家）在一九九七年十一月
二十一日訂定「經濟合作暨發展組織反行賄公約」（OECD

---

[24] 編按：經濟合作暨發展組織（Organization for Economic Co-operation and
Development, OECD）於一九六一年成立，總部設於法國巴黎的慕特堡，另
在德國波昂、日本東京、墨西哥市及美國華府設有辦事處。經濟合作暨發
展組織於一九六一年成立時，計有歐洲十八國及美國與加拿大共二十個會
員國，目前已增至三十個會員國。經濟合作暨發展組織係一性質相當獨特
之國際組織，其雖強調跨國政府間的經濟合作與發展，惟該組織所強調的
僅止於理念層次，很少進一步涉及實質經濟利益的互惠或交易，與區域性
之經濟合作組織，如北美自由貿易區或亞太經濟合作會議，在本質上有相
當顯著之差別。此外，雖然經濟合作暨發展組織同樣是由各會員國政府所
組成，然其本身並未有強制約束其會員之權力。

Anti-Bribery Convention）[25]，要求各締約國形成相關誡令規範（即罪名），作為日後刑事起訴的依據。自一九九七年到現在已經過了八年，已經可以提問：情況有無改善？不管是否相對地改善，依照前述統計可得知，光大型案件的情況仍舊嚴重，而中小型案件根本沒有被列出來。

在尋找情況為何持續嚴重時，就要詳看反行賄公約所要求的集體行動以及各國的相關立法，為什麼沒有達到原先所期盼的效果。在此值得一看的，就是美國所扮演的角色：美國不僅長年以來是全球最大的經濟體及出口國，美國也在簽署經濟合作暨發展組織反行賄公約之前，便已通過了相關的國內立法。美國議會於一九八八年已經由「貿易法」（Trade Act）要求檢察總長指導企業，要如何適應一九七七年所通過的「反海外賄賂法」（Foreign Corrupt Practices Act, FCPA）[26]，即說明企業由此而形成的具體義務何在。反海外賄賂法的重點在於，登記於美國的公司行號不得在他國進行賄賂，否則該公司依美國法該當國際賄賂罪的構成要件。前者以一種類似施行細則的方式修正反海外賄賂法的實質內容[27]。這裏

---

[25] 編按：經濟合作暨發展組織通過並於一九九九年二月生效的「經濟合作暨發展組織反行賄公約」，使得經濟合作暨發展組織在全球範圍內扮演處理貪污行賄行為的重要角色。有關資料，參看 http://www.osec.doc.gov/ogc/occic/oecdsum.html。

[26] 編按：美國國會於一九七七年通過了「反海外賄賂法」。其立法之宗旨，在於防杜公司資金用於不法目的上。反海外賄賂法除了具有反賄賂的條款外，還規定了與會計及內部控制有關的條款。其主要內容為：(1)要求公司必須嚴格遵守證期會規範之會計準則和資產管理控制；(2)禁止偽造會計、稽核、帳冊和記錄，進行欺詐；(3)為了不法目的而賄賂外國政府，是一種犯罪行為，公司最高可科以五十萬美元之罰款，個人則將科以最高一萬美元及五年徒刑。本法案並在一九九七年得到經濟合作暨發展組織會員國的同意，成為經濟合作暨發展組織所屬會員國遵循的規範。並為適用到經濟合作暨發展組織所屬會員國，美國國會於一九九八年通過修正案「國際反行賄法」（International Anti-Bribery Act），將公司禁止行為的範圍擴展到為獲取「不當利益」所做的資金投注行為，適用範圍也擴及在美國從事商業行為的外國公司。參看 http://www.usdoj.gov/criminal/fraud/text/dojdocb.htm。

[27] 參看 US Department of Justice, Foreign Corrupt Practices Act–Antibribery

就可以看到：上文所指出的行為規範與法規範終於一致，立法者將此兩種規範之間的相對落差予以剷平。不管行為規範再怎麼超越一般國內法的規範，只要是觸犯國際行賄罪，美國就可以將自己的審判權無限延伸至世界上任何一個角落。然而，我們在此同時可以看到美國法充滿內在矛盾的情形。該法原來想要保護投資人，但於一九八八年有關施行的規定中增設所謂「潤滑性付款」的除外條款（"grease payment" exception）[28]。依此，為了使得國外官員行使其應行使的職權，企業可以支付賄款，且該行為不構成美國海外反賄賂法的罪名！據此，我們可以看到不少行賄的案件都符合該法的除外條款。例如，當一個開發案須領取建築執照，才可能合法地執行時，那麼有意收賄的官僚可以經由核發執照之拖延而逼迫開發者行賄；若聲請者不想等待過久，則必須參與此種特殊的賄賂文化。然而，依美國法自一九八八年的解釋，此並不構成賄賂罪。此種經過行政解釋而被減弱的法，於二〇〇二年繼續被弱化。當年有了司法判決確定，「為了得到或為了延續生意而支付的賄款不成罪」（corrupt payments for purposes apart of obtaining or retaining business are no offenses）[29]，意即除非是為了立約或者為了續約，所有其他的支付都不可能算得上賄賂罪。具體言之，例如海地的海關收取紅包後表示，眼前要報關的貨物之規格與報表上的不一樣，所以進口稅可以算便宜些，則該送紅包的行為不該當美國海外反賄賂法的罪名。此種解釋法律的精神也能夠說明，為什麼美國司法部自經濟合作暨發展組織反行賄公約生效以來（即八年內），僅起訴大約三十個案件。

Provisions, Introduction, http://www.usdoj.gov/criminal/fraud/text/dojdocb.htm。

[28] 參看 Mokhiber, R., & Weissman, R., "No Kidding: Anti-Bribery Law Takes a Hit," 26.4.2002, http://www.counterpunch.org/mokhiber0426.html。

[29] 同上。

　　在此附帶說明英國施行經濟合作暨發展組織反行賄公約的實況：為了杜絕企業在海外行賄，英國法原本要求企業公布額外付款的簽收者之姓名，但此一要求自二〇〇五年起因大型企業反對而被取消了[30]。可見，究竟是誰在行賄地當幕後黑手，外界仍舊不得而知。據媒體所載，立法修正案的主要理由在於相關契約之金額過高，所以必須依賴「引路人」之指點，否則無法簽約。也因為如此，所以企業不必公布給予相關引路人的額外付款。由此可見，英國司法也不可能採取一種國際性的反賄賂行動。既然如此，商業倫理的相關訴求就回歸最原始的面貌：即回復到僅構成一種未予以法制化的社會期待。然而，相關學者及（企業）專家就要求企業監察業務、會計列帳以及股東大會等機關，必須更加注意相關議題，以免企業所有人必須承擔不必要的支出[31]，且有不少大型企業的公司規章規範相關問題，以免企業之業務員將來遭到背信罪等指控。

七、案例分析三：行銷倫理

　　由倫理觀點看國際性企業行銷行為以及相關現象和法制化所展現的互動，不但讓人感到倫理議題比起反賄賂更容易實現，也讓人從另一個角度看到商業倫理的法制化為何必然要採取一種國際化的框架。本案例圍繞著國際著名食品業者雀巢公司（Nestlé）

---

[30]　參看 Leigh, D., & Evans, R., "Minister, How Far You've Come," 25.1.2005, The Guardian, http://politics.guardian.co.uk/foi/story/0,9061,1397795,00.html。

[31]　參看例如 Dunfee, T. W. & Donaldson, T. J., "Untangling the Corruption Knot: Bribery Viewed through the Lens of Integrative Social Contract Theory," in Norman E. Bowoi(ed.), *The Blackwell Guide to Business Ethics*, Malden/Mass., Oxford: Blackwell, 2002, pp.61-76.

[32]以及其他幾家奶粉公司,與該公司在倫理議題起了爭議的是非政府組織。然而,若要充分地瞭解該案,就必須先做一個歷史性的追蹤,把鏡頭拉回到二十幾年前,重回商業倫理關於企業行銷行為是否合乎行銷倫理的議題。一九七〇年代的非洲大部分獨立才十幾年,一般人民的教育水平十分簡單,所以大都運用直接的生活經驗來判斷事情的好壞。在如此的社會背景下,許多跨國企業開始進行奶粉的促銷活動,穿著護士服的人表演如何用奶粉餵嬰兒。既然穿著護士服,民眾因此產生了信賴,以為西方人就是這樣餵小孩的。然而民眾不知道推銷員也可以穿護士服,且更不知道,餵奶粉所必備的衛生條件是什麼,更不知道奶粉無法補充嬰兒的免疫系統,所以在一般的情況下比起母奶要差些[33]。總之,這些人來促銷奶粉時並沒有詳加說明,沒有提醒民眾沖泡奶粉時必須用沸水,而依照當地的衛生條件及知識,當地人根本沒有這樣的概念。於是,當地不少具備購買力的中上階級老百姓的嬰兒死亡。由此所產生的問題沒有在非洲獲得妥善處理,所以擴大到非洲以外的地方,即引起歐洲許多教會及非政府組織等等開始推動消費杯葛。除此之外,醫療組織也跳腳,因為醫界認為廠商利用醫學界的形象以及其所獲得的信賴當行銷手段,且不僅利用此名聲,還將醫學的招牌給砸壞,使當地民眾最後連去看醫生都不願意,即對一般的醫療行為產生抗拒。因此,世界衛生組織(WHO)

---

[32] 編按:即雀巢(Nestlé)股份有限公司,瑞士人 H. Nestlé 於一八六七年創立,早年隨著二次大戰美軍物資的引入,而在二十世紀初進入台灣市場;詳見 http://www.nestle.com.tw/about2.htm。

[33] 此行銷活動的後遺症在台灣同樣可以看到,不然很多長輩不可能質疑,餵母奶會不會讓嬰兒營養不良;此種由不正確行銷活動所產生的錯誤認知,導致台灣餵母奶的比例長年偏低。若看台灣社會在其他方面多麼講究食補的概念,此種習慣更為獨特,並且表示台灣的醫療團體這方面沒有同世界衛生組織由一九八〇年代起積極反對此概念的錯誤。

[34]於一九八一年形成規範：「替代母奶產品之行銷的國際規則」（International Code of Marketing of Breast Milk Substitutes）[35]。依此文獻，任何替代母乳產品的行銷行為，都必須合乎一定的倫理規範。雖然世界衛生組織此一倫理規範並不具備如同一般法律的強制力，但其中就規定，假設廠商不配合，即將要求各國採取相關立法。因此，跨國企業允諾自行遵守合倫理規範的行為標準，且依此換來非立法的待遇，所以在很多方面仍然可以自行決定企業行銷手段，以及例如廣告與真實之間的比例應該要怎麼抓。對各國政府而言，如此的方式亦有好處，因一些小的或窮的國家的公共預算無法和跨國企業的營業額或財力來比，即不具備真正制裁相關企業的條件。基於此，雀巢等公司的行銷行為改變了，消費杯葛也停了，各國也未採取相應的立法措施。

這件事的續集發生在二〇〇二年底，那時雀巢公司在衣索比亞[36]發生損害賠償糾紛：當衣索比亞於一九七〇年代革命時，革命政府公有化很多（外資）企業，也於一九七五年公有化了一家外商公司的牧場。原先擁有該牧場的公司後來被雀巢併購。原來的公有化措施卻一直沒有獲得損害賠償，可是依照國際條約，任何企業財產遭到公有化的命運時，企業本身可以要求行使公有化的政權支付一定數額的損害賠償[37]。

---

[34] 編按：世界衛生組織（World Health Organization, WHO），成立於一九四八年四月七日，是聯合國的一個機構，也是國際上最大的政府間衛生組織，現有一百九十二個成員國，總部位於瑞士的日內瓦。它是世界公共衛生協作的權威機構，其成員是主權國家。其宗旨為「使全世界人民獲得可能的最高水準的健康」。

[35] 參看 International Code of Marketing of Breast Milk Substitutes, Geneva: WHO 1981。

[36] 編按：衣索比亞聯邦民主共和國位於非洲北部，是南接肯亞，東南臨索馬利亞，東臨吉布地，北接厄利垂亞，西部與蘇丹接壤的聯邦共和國。官方語言為阿比西尼亞語，首都位於阿迪斯阿貝巴。人口約七千三百零五萬人（二〇〇五年七月），主要宗教為回教（佔45%）與基督教（40%）。

[37] 參看 Nestle offers Ethopia refund deal, in BBC NEWS, 20.12.2002,

　　然而，當時的革命政府已經下台，繼任的政府不承認須為之前非民主政權的行為買單，即拒絕支付賠償。但雀巢公司認為現代政府不但有義務為過去政權所進行的公有化政策支付賠償或補償，現任政府事實上也才剛出售原來基於公有化政策而得來的財產，所以應該具有額外的、由引起糾紛所獲得的財源。故此，雀巢公司要求衣國政府支付六百萬美元的賠償。然而當年年底（二○○二）衣索比亞正步入大飢荒[38]，國家財源已不足以購買糧食，所以國際性的非政府組織呼籲先進國家大量提供賑災捐款，卻遇到資金雄厚的國際性企業要跟窮困的衣索比亞政府索賠二十幾年前所發生的財產損害。在此情況下，有很多非政府組織在聖誕節前幾天要求雀巢公司為了倫理立場而放棄相關賠償[39]，但雀巢公司認為，自己的訴求依法有據，所以堅持其非賠償不可的立場。之後，雀巢公司跟非政府組織的互動產生了非常戲劇性的轉變。主因在於二○○四年一月有人在西非發現多家奶粉廠的行銷行為違反世界衛生組織一九八一年的行銷規則，而雀巢公司也是被攻擊的廠商之一[40]。這個消息在國際媒體傳出後，衣索比亞的損害賠償案於一週內獲得解決，雀巢公司接受衣索比亞為了相關損害而支付一百五十萬美元的賠償金，該公司同時公布將賠償金全額捐贈給當地，以供賑災之用[41]。

　　由此可看出非政府組織在背後所施展的壓力──除非企業解

---

http://news.bbc.co.uk。

[38] 參看 Ethiopia launches food appeal, in BBC NEWS, 7.12.2002, http://news.bbc.co.uk。

[39] 參看例如 Nestle demands $6m from Ethiopia, Oxfam, 18.12.2002, http://www.oxfam.org。

[40] 參看例如 Baby food companies caught out putting profits before health again - BMJ reports on research in Togo and Burkina Faso, Babymilkaction, 18.1.2003, http://www.babymilkaction.org。

[41] 參看 Nestle and Ethiopia settle dispute, in BBC NEWS, 24.1.2003, http://news.bbc.co.uk。

決賑災的周邊問題，否則非政府組織就告相關企業違反行銷倫理的國際規則，而此兩種利益該如何衡量，請相關企業自行選擇[42]。雖然相關決策過程必須由新聞報導間接重構，但很明顯的，雀巢公司很怕在西歐（歐洲）再度遇上消費杯葛，也很怕世界衛生組織要求其會員國忠於法規而規範相關行銷行為。前者使得企業染上惡名，即在所有部分之銷售表現都遭到直接損害，後者使得企業將來必須依不同市場之法規範，各別考慮自己行銷行為合法與否，即在行銷管理投入很多額外的資金。換言之，如此的社會運動及立法活動皆直接地、負面地影響到該企業的預算和財務規劃。因此，企業負責人在面對股東時，就可以提出一個非常理性的、合乎經濟責任的選擇：要放棄法律上的權利（即由此產生少額損失），還是要染上惡名（即面對一個難以估算其成本的風險）。故此，企業趕快解決了依國的賠償糾紛，並強調西非不合行銷規則的行為屬代理商所為。由結果來看，如此的策略確實平息了相關風波。

　　由此案例可以看出，商業倫理的責任的確高度反應社會期待。因此，當倫理訴求與法律訴求發生衝突時，法律訴求未必能夠被權利人予以貫徹；決定倫理責任或法律責任何者優先的因素是經濟責任。除此之外也可以看出，潛在法制化（即附條件的、暫時的不依法而規範倫理議題）亦能夠有效地貫徹相關倫理訴求。在此種架構下，維持及遵守相關行為規則的責任及監督機制，首先都由企業自行承擔；換言之，國家反而可以節省行政資源與預算成本。尤其在一個國際化的環境，此現象有助於統一行為標

---

[42] 例如上註 40 所提的 Babymilkaction 組織與違反行銷規則之報導同時，發布延續相關產品之消費杯葛的呼聲，使雀巢公司立即面對相關經濟風險的擴大；參看 Tell Nestle you are joining the boycott..., Babymilkaction, 18.1.2003, http://www.babymilkaction.org。

準的建立，所以對於國際性企業及跨國企業而言，這樣就可以將同一個企業政策實施於不同國家的市場上，即形成資源節流的效應。因此，本案例顯示，潛在立法能夠以暫不立法的手段來貫徹及維護其原本的立法目的，即實現商業倫理議題。

八、案例分析四：勞工基本權

至於能否以國際性企業的行為準則為司法所承認的習慣，即形成習慣法，並且基於此習慣法的建立又拘束企業行為，於是經由此習慣法而貫徹（商業）倫理訴求，這樣的問題不見得限於國內習慣或限於司法在國內法規範所建構的習慣法。在美國可以看到，已經有幾個判例打破司法關於個案評價範圍的限制。雖然依傳統私法自治原則而經過雙方當事人合意而定的管轄權概念尚未被挑戰，但傳統當事人資格（以及依此所確定的土地管轄）經過一種原則性的修正。當事人「身分」過去皆以一種形式理性的觀點被確認，即法院以法人登記以及依母子公司等所有權網絡來認定當事人資格；新的判例反而以實質理性來認定當事人資格，即以企業與企業間所表現的功能分配來認定有無案件繫屬點存在。

例如形式上股權獨立、但在業務上連貫的可口可樂[43]裝瓶廠商 Panamerican Beverages（Panamco）公司，面臨了哥倫比亞（Colombia）[44]子公司的員工想設立工會的局勢；在廠商不喜歡廠

---

[43] 編按：可口可樂公司（The Coca-Cola Company）是一家總部位於美國亞特蘭大的跨國飲料廠商，係由 J. B. Harrison 成立於一九○二年。其獨立生產的產品有可口可樂、雪碧、芬達、QOO 酷兒果汁系列等等；詳見 http://www.cocacola.com。附帶一提，可口可樂（Coca-Cola，也稱 Coke）中文譯名出自蔣彝，是翻譯界極為有名的成功例子之一。

[44] 編按：哥倫比亞共和國位於南美洲西北部，東鄰委內瑞拉、巴西，南接厄瓜多爾、秘魯，西北角與巴拿馬接壤，北臨加勒比海，西濱太平洋。人口

內有工會存在的情況下，組織工會的員工被害死，於是廠商被控訴害死了工會的組頭。這個案件後來得到美國工會〔美國聯合鋼鐵工會（United Steelworkers of America）、國際勞工權利基金會（International Labour Rights Fund）〕的協助，即起訴於美國法院。美國法院受理了該訴訟，並且肯定被訴人就是裝瓶廠商的母公司。換言之，法院以一種強調功能的態度解釋當事人資格，即放棄原來以身分關係（股權登記地）確認行為人有無當事人資格的傳統概念[45]。過去這類案件一律會被打回票，因而本案的重要之處，在於第一次有美國法院願意審理一切繫屬點皆在國外的案件，換言之，由形式理性的觀點看來，法院的審判權已經超過了國家主權的範圍。可是，由實質理性的觀點看來，本案所牽涉到的價值，是勞工基本權，而這個勞工基本權是發生在被告企業的控管範圍內，因此企業必須理所當然地為此負責。不論係子公司或股權獨立的代理商、合作廠商等等，具市場上主控權者都被要求，對發生在其影響範圍內的行為負起一定程度的責任，且依此將形式觀點中的法規範的疆域拖得更遠。

同樣的情況可以在二〇〇五年的案件看到，沃爾瑪（Wal-Mart）[46]依如此國際性商業倫理行為的背景而被告兩次，主

約四千四百五十三萬（二〇〇三年），其中印歐混血種人占 60%，白人占 20%，黑白混血種人占 18%，其餘為印第安人和黑人。首都位於波哥大。官方語言為西班牙語。多數居民信奉天主教。

[45] 參看 Armbruster, S., "Coke Bottler Faces Death Suit," in BBC NEWS, 02.04.2003, http://news.bbc.co.uk。

[46] 編按：沃爾瑪來自美國，以營業額計算是全球最大的公司，屬世界性的連鎖企業，沃爾瑪主要經營零售業，創辦人為 Sam Walton（1918-1992）。根據沃爾瑪的財政報告，截至二〇〇五年一月三十一日的公司財政年度，總營業額為二千二百五十二億美元，淨利潤一百零三億美元，利潤率為 3.6%。如果把沃爾瑪當作一個國家，它的收入在烏克蘭與哥倫比亞之間，可列為世界第三十二位。沃爾瑪也是世界上雇員最多的企業，全世界共有約一百七十萬名雇員。它在美國零售業占零售業總收入的 8.9%。詳見 http://www.walmartstores.com。

要是因為其貨品的供應商，在工資比較低廉的幾個國家（其中之一是中共）漠視勞工基本權，沒有合法的最低薪資機制。這樣的情形一定是當地有人抗議，而當地的司法無法合理地解決相關糾紛，所以依靠工會或非政府組織之協助而被傳達到美國。因此，法院如此的態度對企業概念的新興解釋，使得例如沃爾瑪必須觀測它所銷售的貨物之供應商，尤其要注意該供應商是否實現最根本、最基本的勞工基本權利——例如合法的最低薪資。據資料所示，沃爾瑪原先回應說，已經提醒了相關廠商，然而法院似乎不因此而滿足，反而要求國際性企業不僅要提醒商業對象，必須更加關切、確保及保障該商業對象內部的（勞工）人權。

美國之所以如此要求，應該有兩方面的考量：(1)在企業大量外化生產過程之際，就可以避免廠商用黑心的便宜貨來取代國內產品，起碼能使兩種產品的價差不是因為生產條件之人道與否而造成的；(2)既然企業過去都以法律之形式理性來規避責任[47]，就要有一個新的、緩和企業行為與企業責任等範疇的企業概念，且依此建構一個整體的責任概念。雖然以上的發展部分與「境外侵權行為訴訟法」（Alien Torts Claim Act）的立法有關，但畢竟何種行為構成不法的侵權行為，在英美法體系主要都是法院在認定，所以在此發展的背後，可以看到商業倫理法制化的基本模式：法院基於社會期待（維護勞動基本權）而認定相關權利是理所當然該被維護的，即企業必須習慣性地予以維護，企業一旦違背該習慣性的行為義務，就違背由該習慣經由法院之承認而形成的習慣法，故此負有損害賠償責任。

---

[47] 例如聯合碳化物公司（Union Carbide）印度子公司在發生波帕爾工廠毒氣外洩、附近居民死傷慘重的意外之後，很快就破產了，使被害人無法得到損害賠償。註冊於美國的母公司迄今皆主張為該案件不負責、也不賠償，因為一切法律上的管轄權都屬於印度，而母公司在印度並沒有當事人資格。

九、結論

　　總結上述案例可得而知，國際性商業環境形成社會期待以及由此所形成的壓力，要裁判規範跨越各國立法及司法等傳統主權範圍，使裁判規範與倫理規範不再脫節，反而使兩者重疊。換言之，以貫徹倫理規範之訴求而祈求法制化的社會期待必然形成法的國際化趨勢，否則倫理訴求被部分企業予以規避，使合乎倫理訴求的企業以及不合乎倫理訴求的企業間，形成一種不公平的競爭條件（例如提供最低勞動權利保障之企業與侵犯該權利之企業間的勞動成本不可能相同，使兩者之間的競爭條件出現不公平之處）。因此，當企業想適應社會期待時，企業本身很可能以創造公平競爭條件為目的而期待一定程度的立法。

　　有一部分商業習慣老早已透過雙方當事人經由契約而指定的準據法，或經由雙方所指定的管轄法院或仲裁機構等制度，而形成相關商業行為的國際性法規範；在此範圍內，企業當然也落實源自於社會期待的議題，使相關企業在面對商業倫理議題時，不僅要負起倫理責任，也要負起法律責任。然而，除此之外，上述案例也顯示，同時邁向國際化及法制化的規範創設經過不同的途徑：(1)為了創造公平的競爭條件，部分企業以及部分國家共同要求他國立法者採取平行立法的措施（例如公平交易法之各國立法），使各國於國內法形成一個國際性相容的法規範。(2)部分引起爭議的利益超過單一國家可處理的範圍，即難以平行立法予以規範；例如國際性賄賂行為過去拖垮好幾個國家的公共預算，即表示其不可能經過被害國之平行立法予以解決。因此，部分先進國家想過經由國際公約所建構的立法義務而形成相關法律責任，惟

相關法律之施行及修正等現實顯示，相關規範不健全，使社會期
待仍舊無法經由該法規範而得以落實。因此，商業倫理近幾年重
新整理相關議題，並且要求大型企業透過企業規章以及透過健全
的會計與稽核等制度而實現相關訴求[48]。(3)以前一個局面相類似有
違背商業倫理的行為（具體言之，違背行銷倫理行為），表現出違
背行為之行為主體的經濟能力與發生違背行為之國家的經濟能力
不相等，使國家難以維護其公民權利。因此，國際社會集體地形
成相關行為規則，但首先並不期待各國採取相應立法，反而以未
予以立法之誘因（即可自行遵守且藉此節省管理成本）以及將來
可能立法之壓力（即藉此使得前述節省成本的效應消失）等方式，
使得單一國家難以規範的國際性企業自行遵守相關規則。換言
之，包含暫不立法條款的國際行為規則間接地形成法律、倫理及
經濟等責任。(4)單一國家之法規範在缺乏契約或國際公約等裁判
依據的前提下，仍然能夠經由國內法管轄權概念之調整，以及經
由國際性公認之價值在法院被肯定為應積極保障之價值的方式，
而同時發揮法制化及國際化的效果。換言之，管轄權概念之調整
使得企業無法基於形式理性而分隔企業責任，公認價值之肯定不
再限於國內規範，反而被提升至國際規範，進而形成侵權行為法
之相關判例及相關習慣法，使商業倫理之行業習慣不再以特定文
化背景為依據，反而以一種全球化的價值體系為倫理及習慣等規
範之依據。

　　然而，相關案例也顯示，除非倫理責任（即法律責任）不違
背經濟責任，否則倫理責任也好，法律責任也好，兩者在一個國

---

[48] 商業倫理學界如此的訴求與美國於一九七〇年代之反海外賄賂法的立法理
由不謀而合，即以維護企業股東之權利為相關訴求之依據，同時以此利益
為貫徹相關訴求之著力點；參看 Gordon, K. & Miyake, M., "Business
Approaches to Combating Bribery: A Study of Codes of Conduct," in *Journal of
Business Ethics*, 34 (2001), p.166。

際性環境都難以貫徹。反過來觀之，當倫理責任與經濟責任兩者
能夠形成重疊的局面，不要說是貫徹法律責任，甚至法律上之權
利都變成難以貫徹，即為了維護經濟利益，企業寧願犧牲法律權
利。因此，當商業倫理議題出現爭議或當商業倫理議題出現國際
化訴求時，就應該以多元的法制化模式來思考，何種法制化模式
使得企業、國家及老百姓等利益皆能夠最佳化。在此也應記住，
當國際規範明訂暫不予立法時，表面上的讓步或許是實質貫徹相
關議題的最佳方式。

參考文獻

亞圖·考夫曼，《法律哲學》，劉幸義等譯，台北：五南，2000.7，
　　初版。

楊日然，《法理學》，台北：三民，2005.10。

陳顯武、葛祥林，〈法價值論中之超人格主義〉，《台大法學論叢》
　　（TSSCI），第 32 卷，第 2 期，2003.3，頁 1-26。

Abbott, K. W. & Snidal, D., "Values and Interests: International
　　Legalization in the Fight against Corruption," in *Journal of
　　Legal Studies*, 31 (Jan 2002), pp.141-178.

Armbruster, S., "Coke Bottler Faces Death Suit," in BBC NEWS,
　　02.04.2003, http://news.bbc.co.uk.

Doyle, M., "Charles Taylor–Preacher, Warlord and President," in BBC
　　NEWS, 04.06.2003, http://news.bbc.co.uk/2/hi/africa/2963086.
　　stm.

Dunfee, T. W. & Donaldson, T. J., "Untangling the Corruption Knot:
　　Bribery Viewed through the Lens of Integrative Social Contract

Theory," in Norman E. Bowoi (ed.), *The Blackwell Guide to Business Ethics*, Malden/Mass., Oxford: Blackwell, 2002.

Ferrell, O. C., Fraedrich, J., & Ferrell, L., *Business Ethics: Ethical Decision Making and Cases*, 4th ed., Boston, New York: Houghton Mifflin, 2000.

Gordon, K. & Miyake, M., "Business Approaches to Combating Bribery: A Study of Codes of Conduct," in *Journal of Business Ethics*, 34 (2001), pp.161-173.

Heermance, E., *The Ethics of Business: A Study of Current Standards*, New York, London: Harper, 1926.

International Code of Marketing of Breast Milk Substitutes, Geneva: WHO 1981.

Ip Po-Keung, "Profit and Morality: Problems in Business Ethics," in Gerhold K. Becker (ed.), *Ethics in Business and Society: Chinese and Western Perspectives*, Berlin, New York: Springer, 1996.

Kitson, A. & Campbell, R., "Corporate Codes and Ethics," in Alan Malachowski (ed.), *Business Ethics: Critical Perspectives on Business and Management*, London, New York: Routledge, 2001.

Leigh, D. & Evans, R., "Minister, How Far You've Come," 25.01.2005, The Guardian, http://politics.guardian.co.uk/ foi/story/ 0,9061,1397795,00.html.

Mokhiber, R. & Weissman, R., "No Kidding: Anti-Bribery Law Takes a Hit," 26.04.2002, http://www.counterpunch.org/mokhiber0426. html.

US Department of Justice, Foreign Corrupt Practices Act–Antibribery Provisions, Introduction, http://www.usdoj.gov/criminal/fraud/

text/dojdocb.htm.

網路文獻位址

http://news.bbc.co.uk

http://www.oxfam.org

http://www.arbeitsagentur.de/vam/vamController/CMSConversation/a
　　nzeigeContent?docId=65816&rqc=2&ls=false&ut=0

http://www.babymilkaction.org

http://www.cocacola.com

http://www.mdr.de/fakt/2588243.html

http://www.nestle.com.tw/about2.htm

http://www.tagesschau.de/aktuell/meldungen/0,1185,OID5390026,00.
　　html

http://www.osec.doc.gov/ogc/ occic/oecdsum.html

http://www.usdoj.gov/criminal/fraud/text/dojdocb.htm

http://www.walmartstores.com

第二章
租稅國家界限

葛克昌

學歷：台灣大學法學碩士、德國慕尼黑大學研究

現職：台灣大學法律系教授

研究專長：租稅法

演講日期：2005 年 10 月 12 日

一、前言

國家每多一分徵納,所象徵者非多一分稅收;毋寧說為社會
生產力又消減一分。

——J. A. Schumpeter,〈租稅國危機〉

二、Schumpeter 及其租稅國界限說

Joseph Alois Schumpeter(1883-1950)為奧地利經濟學家,其
去世後,在二十世紀末二十一世紀初其學說反更受重視。其中在
第一次世界大戰最後一年(一九一八年)所發表〈租稅國危機〉
一文,不僅在當時廣受矚目,戰後亦成為歐洲各國財政政策之指
南針。該文就現代國家起源與本質作歷史分析,開創租稅社會學,
展開由財政史角度觀察現代國家,就此觀點肯認現代國家即為租
稅國。一九七七年德國憲法學者 Josef Isensee 認為,制憲者及憲法
學者一向多為「財政盲」,未能由統治工具觀點觀察憲法國體,財
政學者又不懂憲法,致租稅國基本體制從不在憲法國體中討論,
Isensee 由此開展憲法與國家學課題[1]。二十世紀七〇年代以降,各
工業國家均陷入國家債務失去控制之困境[2]。而 Schumpeter 在〈租

---

[1] 劉劍文、熊偉,《稅法基礎理論》,北京:北京大學出版社,2004,頁 31;
葛克昌,〈租稅國—憲法國體〉,《國家學與國家法》,台北:月旦,1997.9,
頁 145 以下。

[2] 從一九七四年到一九八五年十年間,各工業國家債務占國民生產毛額自
41%(西德)至 98%(義大利),參見葛克昌,〈租稅國家危機及其憲法課
題〉,《國家學與國家法》,台北:元照,1997.9,頁 99。

稅國危機〉一文中，早就預言租稅國家由於支出巨大擴充，無法由常規租稅收入支應，而導致國家過度舉債，此種原因須由財政社會學加以分析。是以 Schumpeter 之租稅國家理論再度受到重視。近年由於租稅負擔公平原則逐漸提升至憲法層次，Schumpeter 在〈租稅國危機〉中提及租稅國界限理論又重新受人注目。

　　Schumpeter 在該文提出國家取之於民者，勢必不能過度，否則竭澤而漁，人民將降低生產誘因與工作意願；國家每多一分徵納，所象徵者並非多一分稅收，毋寧說為社會生產力又消減一分，此種觀點重新又引起討論。其中又以德國聯邦憲法法院接受 Paul Kirchhof 法官之理論，提出「對財產收益，國家之手保留在私人手裏，最多各取一半」（BVerfGE 93,121）之「半數原則」[3]，對法理之衝擊最大。此一原則基本要求，在於課稅權之合憲基礎在於對私有財產之尊重，避免國家過度介入，攫取私經濟活動成果，致私有財產制度與市場經濟失其動力與誘因[4]。其在憲政體制設計上，乃透過憲法明文規範及違憲審查，建立稅課之最高限度與最低稅課界限，並及於社會公課與總體經濟之租稅負擔限度[5]。

(一)租稅國家

　　〈租稅國危機〉為 Schumpeter 在一九一九年於維也納的社會學會所發表之講稿。此一講稿原為批判前一年奧地利社會學家 Rudolph Goldscheid 所發表〈國家社會主義或國家資本主義〉一文[6]，該文認為面對史無前例之戰爭債務，傳統之租稅收入，不啻杯

---

[3] 較近之說明，參見 Kirchhof, P., Der sanfte Verlust der Freiheit, München: Hanser, 2004, S.32-35。

[4] 黃源浩，〈從「絞殺禁止」到「半數原則」〉，《財稅研究》，第 36 卷，第 1 期，2004.1，頁 161。

[5] Weber-Grellet, H., Steuern im modernen Verfassungsstaat, Köln: O. Schmidt, 2001, S.63-70.

[6] Goldscheid, R., Staatssozialismus oder Staatskapitalismus, Wien: Brüder

水車薪，該文在戰勝前一年即指出，不論戰勝戰敗，在戰後都要面臨相當龐大的重建問題，戰敗國還要擔負賠償責任，戰勝國也有債務問題，非具有非常之決心，另行開拓國家營利收入之財源不可。國家應有計畫地闖入私經濟領域，自行掌握生產工具。因面臨破產之「債務纏身之租稅國」要重生再起，惟有浴火改造成為「擁有資本能力之經濟國」始有一線生機，亦即國家成為一個大企業。Goldscheid 所謂破產邊緣之「租稅國」，係指一國之收入主要來自人民所繳納之租稅，而有別於十九世紀仍有部分國家之主要收入來自國有地、國有財產及國營事業，國家即為財產之所有人（公有財產國家）。Schumpeter 對 Goldscheid 之主張加以排斥，認為租稅國家與現代國家同時誕生共同發展。現代國家建立在經濟主體之個人利益運作能力為基礎之私經濟之上。現代國家本質，有別於封建國家，主要在於經濟活動「須賴新的動力在新的軌道上運行，其間國民之生活觀及文化內涵，乃至於心理習慣等社會結構均須徹底變動」。租稅國家即寄生其上。國家財政收入支出越多，越須仰賴個人自我利益之驅力，更不能反其道而行，以戰爭為藉口，干預私人財產與生活方式。

至於 Schumpeter 的「租稅國家」，大體接受 Goldscheid 觀點，然而更強調從財政角度看待現代國家，這是國家此一概念的本質、型態及其宿命[7]。Schumpeter 在批判 Goldscheid 之前，仍然肯定「國家社會主義或國家資本主義，為充滿智性之書」，其學術上意義在於建構財政社會基本理念[8]，對財政問題提出可行之解決之道。Goldscheid 是第一位如此持續看待財政史，宣揚「預算」是褪

Suschitzky, 1918, Neudruck in Goldscheid-Schumpeters, Die Finanzkrise des Stenerstaats, 1976. S.40-252.

[7] Schumpeter, a.a.O. S.330. Anm.1.

[8] Schumpeter, a.a.O. S.371.

去一切意識型態外衣後，國家赤裸裸的骨架[9]，而為社會學領域所未探討之未開墾地。財政史是每一民族歷史中最重要部分。財政是國家所寄生於私經濟剝削及使用，其結果攸關國家前途，從財政史中可以看出國家的變遷，進而看出世界史的脈絡。在歷史關鍵時刻，由於財政之強烈需求，使國家政策多變，影響及於經濟發展，並波及各行各業及所有文化圈，財政史幾乎已完整地解釋該時代變遷，民族精神、文化水平、社會結構均反映在其財政史中，能從財政史中傾聽訊息者，自能清晰分辨世界史巨響[10]。國家財政，是觀察社會最佳出發點，特別在歷史轉折點上，現狀開始改變，舊的財政工具面臨危機，財政手段影響社會，社會變動亦反映於財政上，總之，財政社會有待學術開發。本篇開始是從Goldscheid 的觀點出發，但最後卻也否定他的觀點；認為這是篇偉大的著作、Goldscheid 是個偉大的學者，開創財政社會學，作者認為其與 Goldscheid 之爭執，會讓他們的友誼更加深厚。且作者雖認為其所發表為社會學著作，但一九七七年德國憲法學者卻認為，憲法學者一向都是財政文盲，而財政學者又不懂得憲法，所以財政、憲法和國家無法同時深入研究，因此寫了租稅國的憲法的國體摘要，認為現在國家的憲法就是個租稅國家的情況。

(二)租稅國家危機

所謂租稅國，是指一個國家的財政收入主要來自租稅，而不是來自國有事業、國有地及國有財產。而租稅國家還是有危機的，租稅國家的危機不是來自租稅的因素，而是因為社會心理上，要求國家做得多，願付的租稅少，使得國家必須舉債，再加以民主政治下的大量舉債，而使得公債失去控制，造成危機。Schumpeter

---

[9]　Schumpeter, a.a.O. S.331.
[10]　Schumpeter, a.a.O. S.332.

借用 Sander 觀點[11]，觀察德國憲政史，有段如浮雲般籠罩其上空混沌之處，此多由於概念工具之不足，因史學家大量使用法律概念，且排斥其他，特別利用現代法治國家概念解釋中世紀，自有不足之處，而須借用社會學理論。根據 Schumpeter 之租稅國家危機理論，租稅國家由於支出大量增加，無法由常規租稅收入來支應，終於導致國家的過度舉債。

國家債務失去控制的事實，即宣告了租稅國危機來臨。Schumpeter 解釋支出暴增之原因，乃基於社會因素，人們誤以為國家經濟之所以不同於私經濟在於可以量出為入（根據其支出考量其租稅規模），殊不知國家財政能力自有其界限[12]。支出暴增之社會因素，Schumpeter 認為係「民眾越來越高漲之支出意願……在此意願背後則為越來越擴展之權力，終至在思想上徹底改變全民原有之私有財產制與生活方式」[13]。至於國家收入停滯不前，在於經濟因素，因租稅收入有其歷史條件限制，一國國民經濟所能提供之稅收，均有其極限。不容竭澤而漁，否則稅源必當枯竭。Schumpeter 所謂民眾越來越多支出意願，與民主政治有相當關聯，在政黨政治中，各政黨為追求其生存發展與執政機會，莫不藉由不斷之探尋，何者須由國家予以滿足之新需求，以喚起民眾，凝聚向心力期獲支持。利益團體則往往為其成員不斷為國家提出新的需求。此種要求國家給付之民眾心理，其增長之快速，遠超過國家給付之增加所帶來的滿足，此為福利國家社會心理學上的宿

---

[11] Sander, P., Feudalstaat und bürgerliche Verfassung,1906, in Schumpeter, a.a.O. S.371.Anm.5.

[12] 租稅國家稅課越接近此一界限，所受抵抗力與所需努力越大，所需官僚體系也越大，以執行稅法，調查程序更侵害納稅人，刁難納稅人手段也層出不窮。此點，顯現出租稅國家存在目的，在於私經濟與私人生活之自治，如此自治不受尊重，租稅國家之意義不復存（Schumpeter, a.a.O.S.378. Anm. 21）。

[13] Schumpeter, a.a.O.S.351.

命[14]。

(三)租稅國界限

　　Schumpeter 在租稅國家危機，再三強調租稅國家有其固有界限，其中有多重深層意義。首先，Schumpeter 談到，任何情況國家均有其明確界限[15]，此種界限乃與社會活動有所區分。根據 Isensee 之觀察，Schumpeter 之租稅國家乃以國家社會二元化為前提[16]。國家者，乃具有目的理性有組織之統治機關；社會者，乃個人或團體向其自我目標自由發展之領域，其驅策之動力來自私益，但私益須由廣義理論，具有經濟理性而非個人恣意行事[17]。國家擁有課稅權；課稅之客體（所得、不動產、營業），其處分權歸諸社會，並由法律制度保障之：例如私法自治、社團自治、職業與營業自由、所有權尊重與繼承制度。從經濟政策來看，租稅國與市場經濟相結合，租稅國與經濟社會之二元概念，其義理基礎即為自由主義。

　　租稅自身具有法則，不容違反，否則租稅制度與租稅國均受危害。其主要法則即為課稅平等原則與稅源保持原則。負擔平等原則與租稅原本即是同根生，租稅負擔須在各國民間公平分配，國民在各種租稅法律關係中須受平等待遇，納稅義務應普遍適用於各國民，租稅客體之選擇及稅額之裁量均應受該原則之拘束，平等要求與社會潮流相配合，並與具體正義相協調；租稅國家不容特權之存在，租稅倫理即繫於課稅平等之實現。德國在一九八七年法學會議曾通過一個決議：所有的租稅特權和優惠都和平等

---

[14] *Klages, Überlasteter Staat-verdrossner Bürger*,1981, S.49f; 葛克昌，〈租稅國危機及其憲法課題〉，《國家學與國家法》，台北：元照，1997.9，頁106以下。

[15] Schumpeter, a.a.O.S.344f.

[16] Isensee, H. P., "Steuerstaat als Staatsform", FS für H.P.Ipsen, 1977. S.414ff.

[17] Schumpeter, a.a.O.S.345.

原則相違背，都是違憲的，不應該存在；雖然這只是一種宣言，大多數不接受這種說法，但是在其內涵指出，所有的特權和優惠都是不恰當的，應作為最後手段，因其合憲性是可質疑的，破壞了平等原則和市場機制，所以在審核上也要格外小心。

租稅國家，須依賴國民經濟支付能力供養，故不得摧毀其支付動機，削弱其支付能力。租稅國家須尊重納稅人之納稅意願，並保持其經濟能力。否則超過此界限，納稅意願及納稅能力減退，則租稅之源泉勢將枯竭，租稅之基礎勢必崩壞，終至租稅國家之滅亡[18]。Schumpeter 提出，自由經濟國家或資本主義國家在完成經濟任務後，就會走向社會主義國家，但是，我們在解決戰後的國家問題，不能靠社會主義國家，而是要靠租稅國家，創造高的經濟利潤。

三、稅法之雙重功能及複雜性

(一)雙重功能

稅法之氾濫，其體系原則之喪失與法實體之矛盾混亂，常為人所詬病[19]。稅法之複雜性，非基於稅法之特性，而由多面原因所造成。其中社會法治國家租稅經常扮演國家雙重功能，財政收入目的及管制誘導功能[20]。財政收入目的租稅以量能原則為其結構性原則；管制誘導性租稅則以經濟政策、社會政策、環保政策為目

---

[18] Schumpeter, a.a.O.S.346ff.

[19] Birk, D. & Eckhoff, R., "Staatsfinanzierung durch Gebühren und Steuern," in U. Sacksofsky and J. Wieland(eds.), Vom Steuerstaat zum Gebührenstaat, Baden-Baden: Nomos, 2000, S.54ff; Heinrich, W.-G., *Steuern im modernen Verfassungsstaat*, 2001. S65.

[20] Kirchhof, P., Der sanfte Verlust der Freiheit, München: Hanser, 2004, S.10ff.

的，且經常犧牲量能原則以作為「經濟誘因」[21]。

(二)複雜性

　　租稅不但作為國家財政收入工具及管制誘導工具，國家一方面向人民收取租稅，另一方面又向人民為社會福利給付，二者均介入人民經濟生活，益增國家對市場經濟之干預。

　　社會法治國之兩大工具，即為稅法及社會福利法。稅法係取之於民，為干預行政；社會福利法係用之於民，為給付行政。但稅法與社會福利法並非對立之物，而為前提與結果關係，一為給付來源、一為給付行為；稅法乃蓄積國家財政權力，社會福利法則展現現有之財政權力。租稅係社會給付之前提，租稅正義則為社會給付法體系之前提，以及社會給付範圍及強度之指標。租稅國家藉由課稅權，向人民收取金錢；給付國家則藉由社會給付向人民施予金錢。由於租稅一方面為經濟政策與社會政策之有力工具，同時社會給付建立在租稅正義之上，稅法具有複雜性的一面[22]。

四、上限與下限 —— 半數理論

　　半數原則之理論基礎迄今仍未完全成熟[23]。在其規範基準發展

---

[21] 葛克昌，〈租稅優惠、平等原則與違憲審查〉，《月旦法學》，2005.1，第 116 期，頁 152 以下。

[22] Weber-Grellet, H., a.a.O., S.65.

[23] Butzer, H., Freiheitliche Grenzen der Steuer und Sozialabgabenlast, ders, Der Halbteilungsgrundsatz und seine Ableitung aus dem Grundgesetz, StuW, Berlin: Duncker & Humblot, 1999, S.227; Dederer, H. -G., Halbteilungsgrundsatz-woher,wohin? Zum Urteil des BFH vom 11.8.1999, StuW 2000, S. 91.; Lang, J., "Vom Verbot der Erdrosselungssteuer zum Halbteilungsgrundsatz," in Kirchhof/Lehner/Raupach/Rodi (Hrsg.), *Staaten und Steuern, Festschrift für Klaus Vogel*, Heidelberg, 2000, S.173. ; Seer, R., Verfassungsrechtliche Grenz

出直接法律效力之前，其合法性及範圍框架仍須進一步闡明，即使在德國法院實務，仍未取得一致見解。憲法上財產權保障（德國基本法第十四條）在稅法中適用，仍未因半數原則出現而解決。

換言之，稅法上量能平等負擔原則，仍然未發展至財產權保障角度，半數原則毋寧謂在自由法治國家與社會法治國家間之定位，亦即平等原則所未及之處，亦即所得之主要部分仍歸財產權人所有，而在稅課上屬於免於國家干預之部分[24]。惟 Birk 則認為，將使量能原則成為稅法詮釋上之循環論證[25]。

(一)半數理論

■傳統見解：財產權保障不及於稅課

在一九九三年前，德國聯邦憲法法院之基本立場為，基本法上財產權保障對金錢給付義務課徵不適用之[26]。按德國基本法關於財產權規定於第十四條[27]。傳統德國憲法法院雖對例外達到絞殺效果有時承認侵犯財產權，但原則上，均認為課予納稅義務，使特定人負擔特定金錢給付義務，只就該特定人總體財產減少時，對具體財產權並未侵犯。其主要理由，由各類判決中歸納如下：

1.財產權如同自由權為主要之基本權；承認財產權在價值取捨

---

der Gesamtbelastung, von Unternehmen DStJG 23, 2000, S.87ff.

[24] Weber-Grellet, H., a.a.O.

[25] Birk,R., Leistungsfähigkeit als Maßstab der Steuernorm,1983,S.127ff.

[26] 蘇永欽，〈財產權保障與大法官解釋〉，「大法官釋憲五十週年學術研討會」，司法院，1998.9，頁 47、60；陳愛娥，〈司法院大法官會議解釋中財產權概念之演變〉，「憲法解釋之理論與實務學術研討會」，中央研究院社科所，1997.3.22-23，頁 415；葛克昌，《所得稅與憲法》，台北：翰蘆，1999，頁 30-37。

[27] 德國基本法第十四條，除第三項關於徵收規定（參閱葉百修，《從財產權保障觀點論公用徵收制度》，1988 台大法律研究所博士論文）外，前二項規定如下：
(1)財產權及繼承權應受保障。其內容及限制由法律規定之。
(2)財產權附有社會義務。其行使須同時有助於公共福祉。

上具有重要意義[28]。財產權與個人自由保障具有內在關聯性[29]。財產權保障須與基本權結合，以達成確保基本權主體在財產法上自由領域，藉以得自由形成其自我負責之生活[30]。財產權保障係對行為與形成自由之補充。個人藉由財產權得以自營生活，承認私有財產權，始得以對其侵犯給予保護之可能[31]。

2. 依聯邦憲法法院見解，憲法保障之財產權，其概念須由憲法本身尋求[32]。基本法第十四條第一項所保障之財產權，係由所有合憲之公法、私法法律之整體所構成，其內涵及界限依基本法第十四條第二項，由法律規定之[33]。基本法第十四條第一項將私有財產當作法制度予以保障，主要係藉由其私用性及原則上承認財產權客體有其處分之自由[34]。

3. 基本法第十四條財產權保障，不及於對公法上金錢給付義務之干預，最早為一九五四年聯邦憲法法院所主張[35]。早期聯邦憲法法院見解，認為基本法第十四條係對個別財產權客體所為之保障，而不及於財產總體[36]。嗣後則認為公法上金錢給付義務如過度，致根本上損害其財產關係或產生沒收與「絞殺」效果時，則違反基本法第十四條[37]，但迄今並無任何稅法因此而宣告違憲[38]

---

[28] BVerfGE 14, 277.

[29] BVerfGE 42, 76f.; 46, 34.

[30] BVerfGE 24, 389; 41, 150; 42, 76; 42, 293; 50, 339; 51, 248; 53, 290; 68, 222; 69, 222; 83, 208.

[31] BVerfGE 14, 293.

[32] 亦即不得由法律予以界限其概念，BVerfGE 58, 355。

[33] BVerfGE 74, 148.

[34] BVerfGE 24, 389f.; 26, 222; 31, 240; 37, 140; 38, 370; 50, 339; 52, 30.

[35] BVerfGE 4, 7(17).

[36] BVerfGE 30, 271f; 65, 209; 72, 195.

[37] BVerfGE 30, 250 (272); 38, 60 (102); 63, 312 (327); 67, 70 (88); 70, 219.

[38] Kruse, H. W., Lehrbuch des Steuerrechts I, C.H.Beck, 1991, S.38.

■新動向：最適財產權稅課理論

受到 Paul Kirchhof 法官見解之影響[39]，聯邦憲法法院第二庭在財產稅判決中做了重大變更，該庭不再堅持基本法第十四條對稅課之侵犯不予保障[40]。此種一系列判決之變遷，其實早在七○年代，即有一批憲法學者致力於建構以財產權保障（基本法第十四條），以防杜過度稅課[41]，並用以闡明在市場經濟與私有財產法制下，稅課用以保障納稅人經濟自由之功能[42]。此一系列判決之變遷，大致從一九九三年至一九九五年間，並發展出最適財產權之稅課理論。其具體內容，依各判決可歸納如下：

1. 財產稅方面（如房屋稅、地價稅，以動產、不動產或其他財產權價值之權利作為課徵客體），得以課稅者限於財產具有收益能力，否則即對私有財產本體有扼殺作用[43]。財產稅以「應有收益稅」方式存在，對財產權存續保障，並無侵犯[44]。

2. 聯邦憲法法院注意到對財產課徵財產稅，雖得以「應有收益稅」正當化其課徵，但財產之「實有收益」（如土地、房屋租金）仍應課徵收益稅（如所得稅），故對財產整體之租稅

---

[39] Paul Kirchhof 法官對財產權保障與課稅權之主要見解，詳見葛克昌著，〈租稅國危機及其憲法課題〉，《國家學與國家法》，台北：元照，1996，頁118-127。

[40] BVerfGE 93, 121, 450ff.

[41] 主要者諸如 Rüfner, W., Die Eigentumgaratie als Grenze der Besteuerung, DVBl, 1970, S.881; Friauf, K. H., Steuergesetzgebung und Eigentumgaratie, JA, 1970, S.299; ders, StuW 1977, S. 59; ders, DStJG 12, 1989, S.19ff.; Wendt, R., Besteuerung und Eigentum, NJW, 1980, S.2111; Kirchhof/v. Arnim, Besteuerung und Eigentum, VVDStRL 39, 1981, S.210, 286; Draschka, Steuergesetzgebende Staatsgewalt und Grundrechtsschutz des Eigentum, 1982, S.101ff; Kirchhof, P., Staatliche Einnahmen, HdbStR IV, 1990, S.87,146.

[42] Tipke, K. & Lang, J., Steuerrecht, 16 Aufl., Köln : O. Schmidt, 1998, §1 Rn.5.

[43] BVerfGE 93, 149, 152ff.

[44] BVerfGE 93, 121.

負擔，聯邦憲法法院提出「半數原則」：財產稅加上收益稅，其租稅總體負擔，應就收入減除成本、費用餘額為之，依類型觀察法[45]，其歸於私有與因課稅而公有部分應接近半數[46]。此種半數原則乃由基本法第十四條第二項所導出，蓋財產權之利用，應「同時」有利於公共福祉[47]。因財產權「負有」社會義務，私有財產應以私用為主，負擔租稅為附帶之社會義務，不能反客為主，超過應有及實有收益之半數，否則私有財產制就變成公有財產制了。最近，半數理論在議會上有了新發展，即議會不能免稅減稅超過半數，因為免稅減稅是犧牲平等原則，犧牲平等原則就是犧牲市場經濟，我們知道憲政國家認為人民對國家沒有特別犧牲的義務，若人民有特別犧牲，則要賠償其損失；不能有特別犧牲，但可有平等犧牲，即大家同進退，繳稅前後大家在市場上的競爭力相同。而在許多國家稅制常成為政策工具，這是在犧牲平等原則下來做為經濟的誘因以誘導人民，但是犧牲不能過度，否則會使得市場機能完全破壞。

3. 個人及家庭所需用之財產，須予特別之保護[48]。基本法第十四條亦發展出生存權保障功能。此外，對納稅人及其家庭應確保其自我負責、形成個人生活領域之自由空間。因此，就常規或一般水準之家用財產，應予保障而免於稅課干預。同時相對應於基本法第六條婚姻及家庭應受國法保障，家庭之生活水準應予保障。常規或一般水準之家用財產，在財產稅

---

[45] 稅法類型觀察法，參照黃源浩，《稅法上的類型化方法》，台大法律研究所碩士論文，1998。

[46] BVerfGE 93, 121, Leitsatz 3.

[47] BVerfGE 93, 138；Kirchhof 之半數原則，參見葛克昌，《國家學與國家法》，台北：元照，1996，頁 122 以下。

[48] BVerfGE 93, 121, 138, 140f; 93, 174f.

中應予免稅[49]；在繼承稅中亦應予以充分免稅額[50]。

4.財產稅之租稅優惠，除了財政目的租稅外，社會政策目的租稅，在明確構成要件下，因與公共福祉相關，而得以取得合理正當性[51]。

5.基於公共福祉原則，在繼承稅判決中[52]，引入繼承時企業應永續經營理念。企業作為生產力與就業場所，應特別受公共福祉原則所拘束，而負有增進公共福祉義務[53]。是以繼承稅之課徵，不得有害於企業之永續經營[54]。

■憲法學者之批判

聯邦憲法法院之傳統見解[55]，即憲法之財產權保障不及於公法上金錢給付義務，引起憲法學者激烈反對[56]。早在一九五六年，K. M. Hettlage 即將此種不受財產權保障之課稅權，稱為「社會主義之特洛伊木馬」[57]，而為「法治國家之公然缺口」[58]，R. Weber-Fas 則稱「自由憲政結構中具有危害性之斷層」[59]，所有之基本權保障均因此斷層而減損其功能[60]；亦有謂此為「基本權保障之自由領域中阿希里斯腱（希臘英雄全身唯一之致命傷）」[61]，「在基本法立法

---

[49] BVerfGE 93, 121, 141.

[50] BVerfGE 93, 165, 175.

[51] BVerfGE 93, 121, 148.

[52] 德國繼承稅，其稅基為各繼承人所取得之繼承部分，而非針對總遺產（§10 Abs.1 ErbStG），係分遺產稅而非總遺產稅。故繼承稅本質上非財產稅，而係收益稅。

[53] BVerfGE 93, 165, 175.

[54] BVerfGE 93, 165, 176.

[55] 聯邦憲法法院第一庭迄今仍持相同見解。

[56] 參見葛克昌，《所得稅與憲法》，台北：翰蘆，2002，頁 32 以下。

[57] 意指國家權力藉由不受財產權保障之課稅權，滲透至自由經濟體制中。

[58] Hettlage, K. M., VVDStRL 14, 1956, S. 2, 5.

[59] Weber-Fas, R., NJW, 1975, S.1945, 1948.

[60] Rupp, H. H., NJW, 1968, S.569.

[61] Schenke, W. -R., in FS H. Armbruster, 1976, S.177, 178.

應受憲法拘束之危險斷層」[62]，而發展成「不受控制之租稅國家」[63]，甚至有學者因此認為解決「將課稅權馴服於財產基本權」此一難題乃「憲法中最迷人的要求」[64]。總之，「財產權保障與課稅」或「基本法第十四條與稅課」，成為憲法學者亟欲克服之難題與熱烈討論之課題[65]。

按自由經濟體制中，經濟領域事務原則上國家將其轉讓於人民，而避免自己經營；國家財政需求，則強制由人民依其能力納稅而負擔，課稅權為租稅國家中重要工具且普遍取得承認[66]。人民之納稅義務在私有財產制及自由經濟體制中為必要之前提。惟租稅之課徵應有其界限，否則將侵蝕私有財產制度。租稅負擔應受財產基本權拘束，否則財產保障將失其意義。因課稅權為對財產權最主要之公權力干預之一。

為了上述目的，憲法學者致力於提出下列諸問題並尋求其答案：課稅權是否應受基本權拘束？課稅權與公益徵收權是否應予區分？課稅權是否應受財產權保障？基本法第十四條保護之客體為何？租稅立法權應否受到基本法第十四條第二項限制？納稅義務可否由基本法「財產權負有（社會）義務」中導出？納稅義務人使用其財產權時，是否須同時增進公共福祉？稅課是否為徵收之一種？可否依徵收法理解決課稅問題[67]？

K. H. Friauf 教授對傳統聯邦憲法法院判決首先提出批判，指

---

[62] E. Benda, DStZ, A 1973, 56f.

[63] Papier, H. -J., DVBl 1980, S.797；關於 Papier 有關財產權對課稅權的限制，參見陳清秀，〈財產權保障與稅捐的課徵〉，《植根雜誌》，第 10 卷，第 6 期，頁 38。

[64] Kloepfer, M., StuW, 1972, S.176, 180.

[65] Tipke, K., Die Steuerrechtsordnung I, 2 Aufl., Köln: O. Schmidt, 2000, S.442.

[66] 進一步分析見葛克昌，〈租稅國－憲法國體〉，《國家學與國家法》，台北：月旦，1997.9，頁 137 以下。

[67] Tipke, K., Die Steuerrechtsordnung I, 2 Aufl., Köln: O. Schmidt, 2000, S.442.

出其存有內在矛盾[68]：既然基本法第十四條不適用於公法上金錢給付義務，何以過度課徵卻有基本法第十四條之適用餘地？基本法第十四條對徵收之限制，適用於「非稅領域」，何以不適用於納稅義務？J. Isensee 則提出課稅權限制為租稅國家財產基本權之核心，租稅國家本質中即包括保持稅源原則[69]。W. Rüfner 所代表見解，則從基本法第十四條對財產權保障，認為私有財產權之營利及使用收益應保持可能與充分。「稅課違反此一原則者，即為違憲，亦即可歸於通常『沒收』之類。」對財產本體予以課稅，其間界限，甚難予以理性區分。因急迫要求，國家得要求人民做較大犧牲，或介入財產本體[70]。與此見解相類似為 H. -J. Papier，其以為基本法第十四條除保障私有財產存續外，亦保障其私用性[71]。如私有財產之營利私用性遭受排除，則與徵收何異？如某類財產權因課稅致其收益完全不正當或不相當，即違基本法第十四條，特別是因通貨膨脹而適用累進稅率時為然[72]。

　　總之，德國學者對傳統憲法法院見解，基本法第十四條財產權保障，原則上不適用於公法上金錢給付義務，只有在例外個案達到沒收效果時始違憲之見解，均持反對立場[73]。而主張課稅是否違反基本法第十四條，主要係基於具經濟理性之財產權人或企業

---

[68] Friauf, K. H., Juristsche Analysen, 1970, S.299, 302f.; ders, DStJG, Bd.12 , 1989, S.22.

[69] Isensee, J., FS. H. P. Ipsen, 1977, S.409, 434；租稅國依賴國民經濟支付能力供應，故不得摧毀其支付動機、削弱其支付能力，否則租稅之源泉勢將枯竭，租稅之基礎勢必崩壞。進一步討論參見葛克昌，《國家學與國家法》，台北：元照，1997.9，頁 148、160 以下。

[70] Rüfner, W., DVBl, 1970, S.882ff.

[71] Papier, H. -J., Der Staat, 1972, S.501ff.

[72] Papier, H. -J., DVBl, 1980, S.794f. ders., in Mauz/Dürig, Grundgesetz, Art. 14 Rn., S.156ff. 陳清秀，〈財產權保障與稅捐的課徵〉，《植根雜誌》，第 10 卷，第 6 期，頁 38。

[73] 葛克昌，《所得稅與憲法》，台北：翰蘆，2002，頁 32 以下。

家，經課稅後在通常情形下是否仍有相當營利或收益可能而定[74]。至於個案之過苛情事，則應由衡平條款予以調整[75]。

　　對憲法法院傳統見解批判最力者，厥為 P. Kirchhof 法官。Kirchhof 以基本法第十四條為中心，發展出整套之稅法理論。Kirchhof 強調租稅平等要求與租稅過度禁止，應為一體兩面。各種稅捐，依 Kirchhof 見解，無非係對財產權人所課之稅。因此，憲法上財產權保障，對課稅權內容之限制，扮演了主要角色。由於課稅權之前提為私有財產，如稅法不當限制財產權人自由，則侵及憲法上財產權保障之核心本質。所謂租稅，非國家對私有財產所有權之分享（財產之所有權歸私人所有，為私有財產制之憲法要求），而係針對財產所有權人經濟利用行為（使用收益）之分享。憲法上財產權保障，非指不受國家稅課侵犯之經濟財，而係針對財產權人之行為活動自由。財產權自由之基礎為個人整體財產。

　　個人租稅負擔過度，指的是個人整體財產之侵害。從而對稅課是否侵犯財產權，從憲法上可由兩層面加以審查：對特定租稅客體之負擔，是否該當；以及對整體財產之稅負是否合理正當。由第一層面觀察，可將稅課階段依財產權表現型態，所受憲法保障程度之不同，區分為三種類型予以考察：財產權之取得（如個人所得稅、公司稅、繼承稅），財產權之使用（營業稅、特種消費稅），財產權之持有（如房屋稅、地價稅等財產稅）[76]。財產權取得階段，財產權人乃因經濟自由而有所增益，同時因納稅義務而減少之，因此對所得課稅之大小有較大空間，從而產生對所得課

---

[74] Papier, H. -J., Der Staat, 1972, S.503.

[75] 德國租稅通則第一六三條有規定，基於衡平事由之特別租稅核定，參照陳清秀，〈稅法上個案正義〉，《稅法總論》，台北：植根，2004，頁 556 以下。

[76] Kirchhof, P., VVDStRL Heft 39, 1981, S.213ff., 226ff., 242ff.; ders., Verfassungsrecht und öffentliches Einnahmesystem, in Hansmeyer (Hrsg.), Staatsfinanzierung in Wandel, Berlin: Duncker & Humblot, 1983, S.40ff.

稅之上限問題。由於財產權之行使負有社會義務,故財產權之取得,只有在顯然過度時,得以財產權侵犯視之[77]。同樣地,財產權使用階段亦然。較有問題者,為財產權持有階段,蓋原則上財產權本身不應成為課稅對象[78]。

其次,Kirchhof 從基本法第十四條第二項推論出憲法對課稅權之界限。依基本法第十四條第二項規定,財產權之行使「同時應有利於公共福祉」。因此財產權人在稅後所保留之收益,應「至少接近半數」(所謂「半數原則」)[79]。因「同時」(Zugleich)一詞,在德文中即有「同等」、「同樣」之意。財產權之使用,雖同時可為私用與公用,但仍以私用為主,私用之利益至少不應少於公用之租稅負擔。換言之,對財產權行使所產生之所得課稅時,其社會義務不應高於財產權人之個人利益[80]。憲法保障私人收益歸私人使用,國家雖得以課稅權以減少之,但依現時經濟條件,用以確保個人與家庭生存之所得,則禁止藉稅課減少之。又所得同時為將來賺取所得,為職業自由實施所必要者,故其稅課之強度應對此予以減除。半數原則之困難,在於實務上如何運用。

■對最適財產權課稅理論之批判

E. -W. Böckenforde 在聯邦憲法法院合議時,即指出該判決過度干預立法權限且傷害「司法自制」原則(BVerfGE 93, 149, 151)。惟聯邦憲法法院,則以立法者對法律無法盡其責任時,須有「司法積極主義」之適用,以自我期許。最適財產權課稅理論,藉以

---

[77] 進一步分析,參見葛克昌,《國家學與國家法》,台北:元照,1996,頁 120 以下。

[78] 參見葛克昌,《國家學與國家法》,台北:元照,1996,頁 124 以下。

[79] 半數原則可參照 Seer, R., "Der sog. Halbteilungsgrundsatz als Belastungsobergrenze der Besteuerung FR," 1999, S.1280ff.; ders., Verfassungsrechtliche Grenzen der Gesamtbelastung von Unternehmen, DStJG, Bd.23, S.187ff。

[80] Kirchhof, P., Besteuerung und Eigentun, VVDStRL, 39, 1981, S.242.

對抗國家利用課稅來達到社會重分配之意識型態。此種意識型態明顯與量能平等課稅原則及租稅之自由功能不符，法院自應挺身而出[81]。平實而論，聯邦憲法法院並未提供立法者徹底解決方案。將財產稅直接宣告違憲，亦未為聯邦憲法法院第二庭多數所接納。故一方面確立稅課在憲法財產權上須有其界限；同時提出「類型化」方法，作為「司法自制」與「司法積極主義」之間平衡點，以賦予立法者就「財產權自由」 有較為清晰之輪廓。以下各點值得吾人注意：

1.就財產權存續保障方面，藉由類型化方法，對無收益可能之財產不課財產稅，確立財產稅為應有收益稅。

2.引入「半數原則」作為違憲審查基準，使「司法積極主義」向前邁一大步。半數原則仍受類型化修正，則有緩和作用[82]。

3.實務運作上較困難者，為個人及家庭之基本消費財產如何認定問題，特別是區域性差異，如大城市與鄉間，是否應有差異？同樣之難題，亦存在於繼承稅中免稅額扣除之問題。

4.聯邦憲法法院對非財政目的租稅，在違反量能之平等原則仍未違憲之前提下，對於構成要件明確與公共福祉，此二者認定均有困難。

(二)上限與最低稅課

依荷蘭法，其所得稅與財產稅不得超過所得之 68%，丹麥為

---

[81] Tipke, K., & Lang, J., Steuerrecht, 19 Aulf., 2008, §4 Rn.221.

[82] 對半數原則之批判，參見 Arndt/Schumacher, NJW 1995, 2603；G. Felix, BB 1995, 2241, 2244; ders., NJW 1996, 703; Krüger/Kalbfleisch/Köhler, DStR 1995, 1452ff.; W. Leisner, 1995, 2591; H. -W. Arndt, BB-Beil.7/1996, 3ff.; M. Jachmann, StuW 1996, 97ff.; G. Rose, Überlegungen Zur Realisierung des Halbteilungsgrundsatyes, StuW 1999, 12; K. Tipke, GmbHR 1996, 8, 12ff.; ders., Die Steuerrechtsordnung I, 2 Aufl., 2000, S.449ff.; K. Vogel, JZ 1996, 43; H. Weber-Grellet, BB 1996, 1415。

58%、瑞士 40%，問題是此種納稅上限甚難調查。

　　最低稅負最早係源自一九六九年之美國，當時該國財政部發現許多高所得公司或個人繳納少量稅基或不用繳稅，主要係租稅減免、租稅扣抵等被過度濫用，為確保高所得者至少須繳納最低稅負，美國係以未適用租稅優惠前所得，乘以最低課稅。最低課稅公司為 20%，個人為 26% 及 28%，其後加拿大、南韓均有類似制度[83]。

　　以德國為例，退休保險金（19.5%）、健康保險（12%）、失業保險（3%），共計薪資之 34.5%，其中半數為雇主負擔。

五、結論

　　國家權限有所界限，始讓社會活動市場經濟有所活動空間，租稅自身具有法則，不容違反，否得租稅制度與租稅國均受危害。租稅國須依賴國民經濟支付能力供養，故不得摧毀其支付動機，削弱其支付能力。德國半數理論係司法為租稅國之權力濫用劃上界限，避免私有財產制度崩壞；美國之最低稅負制度，則在立法上對納稅人濫用租稅優惠導致租稅負擔極度不公，予以法律上限制。二者均表現出租稅國家之界限，及租稅公平為當代負擔正義之重要法理。

---

[83] 我國所得稅最低稅負制度初步構想，凌忠源，2005 年 5 月 6 日「建立我國所得稅最低稅負制度」討論會引言。

參考文獻

吳志中,《所得稅法上所得概念之研究——以大法官釋字第 508 號
　　解釋為中心》,台灣大學法律學研究所碩士論文,2002。

吳啟玄,《限制出境制度之實務研析》,台北:翰蘆,2003。

張哲瑋,〈所得概念之憲法的構成——從 Paul Kirchhof 的營利所得
　　說談起〉,《財稅研究》,第 36 卷第 3 期,2004.5,頁 189-208。

黃源浩,〈從「絞殺禁止」到「半數原則」〉,《財稅研究》,第 36
　　卷第 1 期,2004.1,頁 151-170。

黃源浩,《稅法上的類型化方法——以合憲性為中心》,台大法律
　　學研究所碩士論文,1998。

黃俊杰,〈憲法稅概念初探——憲法稅概念與法律稅概念同一性之
　　價值取捨〉,《中原財經法學》,第 1 期,1995.6,頁 43-57。

黃俊杰,《納稅者權利保護》,台北:翰蘆,2004。

陳英鈐,〈「自由法治國」與「社會政治國」的制度選擇〉,《台灣
　　本土法學雜誌》,第 4 期,1999.9,頁 87-99。

陳　敏,〈憲法之租稅概念及其課徵限制〉,《政大法學評論》,第
　　24 期,1981.12.。

陳清秀,《稅法總論》,台北:植根,2004。

陳清秀,〈財產權保障與稅捐的課徵〉,《植根雜誌》,第 10 卷
　　第 6 期,1994,頁 38-40。

陳愛娥,〈司法院大法官會議解釋中財產權概念之演變〉,「憲法解
　　釋之理論與實務學術研討會」,中央研究院社科所,
　　1997.3.22-23。

葛克昌,《行政程序與納稅人基本權》,台北:翰蘆,2002.10。

葛克昌，《所得稅與憲法》，台北：翰蘆，1999、2002、2008。

葛克昌，〈租稅國－憲法國體〉，《國家學與國家法》，台北：月旦，
　　1997.9。

葛克昌，〈租稅國危機及其憲法課題〉，《國家學與國家法》，台北：
　　元照，1997.9。

葛克昌，〈租稅優惠、平等原則與違憲審查〉，《月旦法學》，第 116
　　期，2005.1，收入《稅法基本問題》，2008 增訂版，頁 268 以
　　下。

葛克昌，《稅法基本問題》增訂版，台北：元照，2005。

葛克昌，《國家學與國家法》，台北：元照，1996。

劉劍文、熊偉，《稅法基礎理論》，北京：北京大學出版社，2004。

蘇永欽，〈財產權保障與大法官解釋〉，「大法官釋憲五十週年學術
　　研討會」，司法院，1998.9.。

Birk, D., Leistungsfähigkeit als Maßstab der Steuernorm, 1983.

Birk, D. & Eckhoff, R., "Staatsfinanzierung durch Gebühren und
　　Steuern - Vor- und Nachteile aus juristischer Perspektive," in U.
　　Sacksofsky und J. Wieland (eds.), *Vom Steuerstaat zum
　　Gebührenstaat*, Baden-Baden: Nomos, 2000.

Butzer, H., Freiheitliche Grenzen der Steuer und Sozialabgabenlast,
　　ders, Der Halbteilungsgrundsatz und seine Ableitung aus dem
　　Grundgesetz, StuW, Berlin: Duncker & Humblot, 1999.

Dederer, H. -G., Halbteilungsgrundsatz-woher,wohin? Zum Urteil des
　　BFH vom 11.8.1999, StuW 2000.

Goldscheid, R., Staatssozialismus oder Staatskapitalismus, Wien:
　　Brüder Suschitzky, 1918.

Isensee, J., "Steuerstaat als Staatsform," FS für H.P. Ipsen, 1977.

Kirchhof, P., Der sanfte Verlust der Freiheit, München : Hanser, 2004.

Kruse, H. W., Lehrbuch des Steuerrechts I, C.H. Beck, 1991.

Lang, J., "Vom Verbot der Erdrosselungssteuer zum Halbteilungsgrundsatz," in Kirchhof/Lehner/Raupach/Rodi (Hrsg.), *Staaten und Steuern, Festschrift für Klaus Vogel*, Heidelberg, 2000.

Schumpeter, Joseph A., *The Crisis of the Tax State*, translated from: Die Krise des Steuerstaats, Zeitfragen aus dem Gebiets der Sozologie, 1918, Graz und Leipzig; in P. M. Jackson(ed.), *The Foundstions of Public Finance*, Vol. II , Edward Elgar Publishing Ltd., 1996.

Seer, R., Verfassungsrechtliche Grenzen der Gesamtbelastung von Unternehmen, DStJG 23, 2000.

Tipke, K., Die Steuerrechtsordnung I, 2 Aulf., Köln: O. Schmidt, 2000.

Tipke, K. & Lang, J., Steuerrecht, 16 Aufl., Köln: O. Schmidt, 1998.

Weber-Grellet, H., Steuern im modernen Verfassungsstaat, Köln: O. Schmidt, 2001.

第三章

中國大陸財稅法律改革重點與難點問題之分析

劉劍文

學歷：武漢大學國際經濟法法學博士

現職：北京大學法學院教授

研究專長：財稅法（含國際稅法）、知識產權法、金融法和經濟法

演講日期：2005 年 10 月 17 日，2007 年 3 月 26 日修改定稿

一、前言

最近，全世界的目光集中在兩個地方：一個是德國總理的選舉，另外一個則是在關注中國大陸的稅法改革，兩者都是涉及到稅制改革的問題。中國大陸這個沈睡的巨人正在漸漸醒來，將展現其極強的生命力和巨大的活力。從一九七八年改革開放以來，中國大陸的政治經濟形勢已經發生了翻天覆地的變化，社會主義市場經濟體制初步建立。從國際上看，中國大陸加入了世界貿易組織（WTO）[1]後，將成為世界市場的重要組成部分。當然我們僅從稅收的變化，可以看到中國大陸今天的成長。

二、中國大陸稅制發展

中國大陸於一九九二年實行市場經濟，於一九九四年進行稅制改革，現行的稅法制度就是以一九九四年的稅制改革為基礎建立起來的。一九九四年稅制改革，當年全國的稅收收入是人民幣五千億元；過了五年，即一九九九年，稅收收入達到人民幣一萬億元（即一兆元），二〇〇三年稅收達到人民幣兩萬億元（即兩兆元），二〇〇四年稅制收入達到人民幣 25,700 億元，二〇〇五年的稅收收入為人民幣 30,865.8 億元，二〇〇六年稅收收入達到人民幣 37,636.3 億元。台灣過去五年的稅收收入是一兆六千億台幣，

---

[1] 編按：世界貿易組織（World Trade Organization）是一個獨立於聯合國的永久性國際組織。該組織的基本原則和宗旨是通過實施市場開放、非歧視和公平貿易等原則，來達到世界貿易自由化的目標。

換算成人民幣是四千億，我們也同時注意到大陸的物價是台灣的三分之一，也就是說，大陸二〇〇六年的稅收收入相當於台幣約四十五兆，這足以讓大家看到中國大陸經濟的巨大變化。但是我們若從大陸相對數目來跟台灣地區做一比較的話，那樣人均稅收收入還是有限的，因為台灣人口比較少，大陸人口比較多。

我在這裏是要指出一個問題：大陸稅收收入的巨幅增長，而且其潛力無限，可以反應一個國家（或地區）市場經濟程度的高或低。從國際上看，人們更多是從稅收來做一個衡量的標準，有時候人們在判斷一個國家（或地區）是否為市場經濟或其市場經濟程度高低時，就要看該國（或地區）稅收在整個國民收入裏面所占的比重。

大陸現行的稅收制度是從一九九四年稅制改革為基礎建立起來的。隨著經濟發展，和諧社會理念的提出，現在正進行新一輪的稅制改革，這次改革是從二〇〇四年年底開始。這次改革的指導思想是什麼呢？可以用十二個字概括，即：「減稅制、寬稅基、低稅率、嚴徵管」，是按照這樣的指導思想來進行新一輪的稅法改革，而在這個指導思想裏面，貫穿一個問題，就是「以人為本」，體現對人權的尊重和保護。這裏要強調：國家利益、納稅人利益或社會利益的協調，凸顯科學的發展觀，促進社會的進步，人民福祉的提高。

在現實上看，過去人們更多關注的是民法與刑法，對稅法的問題（台灣稱租稅法）關注是不夠的。其實稅法對一個國家、對一個民族極為重要，一個國家、一個地區的生存或發展離不開稅制，常言道：「錢不是萬能的，可是沒有錢是萬萬不能。」沒有錢又能如何？一個國家、一個地區若無稅收，收益從何而來？目前，人們一般從公共產品和公共財政的角度來理解稅收的內涵。在市場經濟條件下，私人產品通過市場交易的方式提供；但具有非競

爭性和非排他性的公共產品由於其本身性質特殊,無法通過市場交易的方式來提供,而這些產品對整個社會而言卻是必不可少的。由於國家扮演著履行公共職能的社會角色,使得其在為社會提供公共產品方面具有私人無法比擬的優越性。因此,市場經濟條件下的公共產品基本上由國家提供,國家提供公共產品的經濟來源是公共財政,而公共財政的主要組成部分就是稅收。現代市場經濟條件下的公共產品和公共財政理論,為我們理解國家與納稅人之間的關係提供了一個新的視角。由此可知,租稅在現代國家扮演重要的角色,這也涉及到我們對稅法的理解問題。

三、對於稅法的理解

我們可以從多角度來理解稅法:

1. 稅法是「侵權法」。它是以法律允許國家侵犯人民的財產或利益,是合法的侵犯人民財產或利益的法律,但必須在法律允許的範圍內,因此,很有必要強調稅收法定主義。這是我們對稅法的第一種理解。

2. 稅法是財產法。民法裏面的物權法是一部財產法,係對財產的歸屬、取得、使用、轉讓等所做的回應,它是從積極意義來保護人民財產(二〇〇七年三月十六日第十屆全國人大[2]五次會議通過了「中華人民共和國物權法」,該法自二〇〇

---

[2] 編按:全國人民代表大會(簡稱人大),為中國的六大中央國家機構之一。根據中華人民共和國憲法,國家主席、國務院、中央軍事委員會、最高人民法院、最高人民檢察院等其他五大中央國家機構,均由全國人民代表大會產生,並向全國人民代表大會及其常務委員會負責。又,修憲及立法為全國人民代表大會的職權之一。

七年十月一日起施行）。而稅法是從消極意義來保護人民財產，通過「租稅法定主義」[3]（大陸稱為「稅收法定主義」），來限制徵稅機關、限制行政機關的權力，強調依法行政，來達到保護納稅人的利益及財產，因此稅法也是財產法。

3. 稅法是利益平衡之法。稅法要兼顧國家利益，要兼顧納稅人的利益，也要考慮社會的利益。我們講的利益即從立法、執法、司法各個層面皆要考慮這個問題，其實，美國往往有許多利益集團來遊說國會制訂或修改稅法，在美國最難通過的法律恐怕就是稅法，因為涉及多方利益的問題。在美國稅務律師是最能掙錢的律師，他比普通律師的收入要高兩到三倍，如果你是一位稅務律師，你可以感到無上的光榮，這在於稅法的專業性、技術性和複雜性，一般律師難以勝任。所以在稅法中衡量利益時，考慮國家利益、納稅人利益和第三人的利益。故稅法的利益平衡問題很重要。

像台灣最近討論的「最低稅賦制」[4]的問題，我們的法律為何有這種最低稅賦制問題？因為現在的稅收、租稅優惠政策過於氾濫，違反了公平原則，據二〇〇五年有關媒體報導：台灣最富有的四十個人裏頭有八個人沒納稅，要考慮到對這些人收稅，這就要優先考慮到政府的利益問題；對這一部分人依法收稅，同時還要考慮到社會問題，在立法、執法、司法層面都要依照公平這一個標準。我們是應強調公平優先，兼顧效率？還是以效率優先，兼顧公平？這就要協調雙方面

---

[3] 編按：租稅法定主義（或稱原則），係指租稅之課徵，須有法律明文規定者為限，包括：課稅要件法定原則、課稅要件明確原則、合法性原則、手續保障原則、禁止租稅協議、禁止類推適用。

[4] 編按：最低稅賦制是指給予高收入者的租稅減免設定一上限，超過減免上限的部分，另外課徵一固定稅率。換言之，即使經過租稅減免，高收入者仍必須繳交一最低稅額。

的利益。中國歷史上多少次農民起義，在國外多少次大革命，都是對政府課徵雜稅過重不滿而造成的，像英國的光榮革命、法國大革命，在中國歷史上的像陳勝、吳廣起義、太平天國等等，都是跟稅有關係，因為在法律上，跟人民關係最密切的法律就是稅法。國外有句諺語：「一個人一輩子有兩件事不能避免：一個是納稅，一個是死亡。」把納稅跟死亡看作是人們不能避免的兩件事情，在這裏面就可以看出一個問題，即稅跟人民利益緊密相連。民以食為天，國以稅為本，稅收是共和國的血脈，是共和國生存發展的物質基礎。

4. 對稅法的研究應該是開放的。在大陸往往把稅法歸類到經濟法中，在台灣往往把稅法歸類到行政法裏，其實稅法涉及到所有的法律，是個綜合法律領域，包括憲法、行政法、民法、刑法、訴訟法、國際法等與稅法都有關係。國家為什麼要收稅？國家為什麼能夠收稅？這是關於稅的正當性，稅的合理性的問題，這需要在憲法的層面尋找依據；稅捐的稽徵和管理涉及到行政法的問題；稅收要素的設計，包括納稅人、稅率、徵稅對象，以及無效民事行為，這涉及到民法的問題；稅務訴訟，涉及到訴訟法的問題；違反稅法的處罰，特別是稅收犯罪涉及到刑法的問題；國家（或地區）之間如何來避免雙重徵稅，又涉及到國際法問題。因此，在當今社會裏，我們對稅法的研究應該採取開放的態度，這讓我們做稅法研究時，視野開闊，就會發現我們的天空是一片蔚藍；如果我們把稅法局限在某個法律部門裏，就像鳥關在鳥籠裏，視野受到局限。我們只要抱持著開放的心態，就可以到稅法的天空中去遨遊。

其實，稅的問題也不僅僅是法律問題，還需要我們從經濟學、

政治學、社會學、歷史學甚至自然科學的角度來進行研究。第一，
我們要打破不同法的界線，第二，要打破學科的界線，第三，要
打破國際與國內的界線。二十一世紀是知識經濟的世紀，二十一
世紀所創造的經濟與貿易的全球化，經濟的一體化，整個世界的
經濟融為一體；再從經濟這個層面觀察，國內或國際的界線很難
劃分，特別是隨著電子、網路的發展，這種界線不是很清楚。第
四，我們要打破歷史與現實的界線，昨天發生的一切事情是歷史，
如果我們將昨天發生的一切法律制度看作法制史，那麼歷史與現
實的界線很難劃分清楚。所以此時我們從歷史、經濟學、社會學、
政治學的角度觀之，則我們所考量的問題是不一樣的，換句話講，
稅是現代社會的一條「神經」，這需要更多人更多視角的研究。

四、中國大陸稅制體系

　　大陸的稅法體系跟台灣的不完全一樣。稅法體系分為幾個方
面：第一方面是稅收憲法，從憲法層面上來研究稅的問題；第二
方面是稅收實體法；第三個方面是稅收程序法。稅收實體法又包
括兩個方面內容：一個是稅收債法，即我們從私法的概念中之債
的角度觀察，它在公法裏面怎麼發生影響；另外一個方面是稅收
責任法，即所涉及到的行政責任、刑事責任和民事責任。稅收程
序法裏面包含幾個方面：一個是稅收徵捐法（台灣稱為稅捐稽徵
法）；第二個方面是稅收的救濟，發生稅收糾紛或稅收犯罪怎麼處
理？這需要稅收救濟法來處理。

　　現在大陸的稅收收入，主要係來自於商品的流轉稅（台灣稱

為貨物稅）、家計營業稅、菸酒稅[5]，大陸叫增值稅[6]、消費稅、營業稅。整個大陸的稅收收入裏面，流轉稅占百分之六十到百分之七十，在台灣稅收收入裏面，百分之六十是來自於所得稅，所以若按照西方的稅收體制，大陸的稅制是以流轉稅為主體的，但大陸稅收中所得稅的比例在逐年提高，將來也會過渡到以所得稅為主體的。

大陸的所得稅法又跟台灣不一樣，大陸的所得稅由三部法律規定（二〇〇七年三月十六日第十屆全國人大五次會議通過了「中華人民共和國企業所得法」，該法自二〇〇八年一月一日起施行，該法是由「中華人民共和國外商投資企業和外國企業所得法」和「中華人民共和國企業所得稅條例」合併而來的，因此大陸將會變成兩部所得稅法，即「中華人民共和國企業所得法」和「中華人民共和國個人所得法」），台灣只有一個法律規定；在大陸有個人所得稅和企業所得稅之分，在公司所得稅裏面，通常叫做企業所得稅；而台灣在所得稅法裏面，分為綜合所得稅跟營利事業所得稅，所以兩者的體制不同。在台灣綜合所得稅是對個人徵收，營利事業所得稅是對公司徵收。整體上大陸跟台灣在財產稅方面有很多相同之處，比方說印花稅、契稅、土地增值稅，這些都是相同的。

五、稅法改革之原因

大陸稅法體系已經建立起來了，可是究竟要怎麼改？為什麼

---

[5] 編按：菸酒稅屬於特種消費稅，是針對國內產製或自國外進口的「菸」與「酒」兩種產品所課徵的稅賦。詳見中華民國「菸酒稅法」之相關規定。

[6] 編按：增值稅為中性稅種之一，係基於價值的增值額或價差為計稅依據而徵稅的一種稅收制度。增值稅之徵收包括生產、流通或消費過程中的各個環節。

要改？這是我們首先要考慮的。大陸的稅法為什麼還要改革，我認為有幾個方面的考量：

1. 大陸在二〇〇一年加入世界貿易組織（WTO），台灣也在二〇〇一年加入，世界貿易組織有「國民待遇原則」，或「最惠國待遇原則[7]」，我們通常稱做「無差別待遇原則」，大陸現行稅法制度並不符合這個要求，因為大陸採行內外有別的原則，即內資與外資分別徵稅的原則。大陸現在把港澳台資放在外資裏面。因此，很多台灣的商人非常關心大陸的稅法改革，雖然法定稅率都是百分之三十三，但是外資實際的稅賦大約在百分之十五，而內資企業的實際稅賦則大約在百分之二十五。

  由此可知，內資企業的優惠沒有外資多，其實不論內資還是外資，都是市場經濟的個體，他們應該在同一起跑線上，適用一種平等稅賦的原則，然而這樣制度對內資不公平，所以沒有在這問題上統一，這是稅賦改革的一個難題。怎樣才能更符合世界貿易組織規則的要求，使中國大陸的經濟與世界能夠融為一體？如果使用國內手段或國際手段，都有問題。

2. 大陸現在也存在收入分配不公的社會問題。在大陸有的人一個月能拿到十萬、二十萬人民幣的收入，現在大陸高收入者的收入不一定比台灣低，但是可能也有人一個月拿不到五百元人民幣，這種收入間巨大的差距，是一個現實的社會問題——收入分配不公。因此，中國共產黨第十六屆五中全會提

---

[7] 編按：最惠國待遇（Most Favored Nation, MFN），乃是締約方的一方現在和將來給予任何其他第三者的優惠與豁免，也同時給予其他締約方，此種最惠國待遇是無條件、無限制的，而且是建立在互惠原則上，其精神是希望透過較公平的原則相互適用，以求貿易歧視待遇的消除。此原則係基於傳統經濟學上自由派學者的理念而提出，除了可增加經濟效率外，亦可以促進整體的貿易全面自由化，更可以簡化許多關稅的程序。

出，就是要解決收入分配不公的問題，倡導的「科學發展觀」跟「和諧的社會」，和諧社會的理念就是要解決各種社會問題，要解決鄉城、城市或農村收入的差距，要解決東部與西部收入的差距。這種差距在哪裏呢？舉個簡單的例子，我一九九七年到北京，那時一個計程車司機一個月能夠拿到三千人民幣，我們非常羨慕，我們覺得這種體力勞動者的收入反而比腦力勞動者賺得多，那時我做了四、五年的教授，每月收入也不過區區一千人民幣。可是現在計程車司機的收入還是兩、三千，我們教授可能已經翻了很多倍了，有的人每月能達到一萬元人民幣，這表示腦力勞動比體力勞動還要值錢，這種變化很大。然而，東部跟西部間仍有著巨大的差距，在東部可能有人一個月能拿四、五千人民幣的收入，在西部可能拿個三、四百。農村跟城市、東部跟西部巨大的差距，這些社會問題若不解決，將會對社會產生巨大的影響，所以這些年大陸關注社會弱勢、倡導和諧社會，要減少矛盾、對立。我覺得按照現在的發展規模，若不發生內亂的話，十年以後大陸的經濟絕對是相當了不起的。現在的經濟增長，已經讓很多人看到中國的威脅，像美國、日本；現在神六[8]上去了，全國人民都非常高興，所以要解決社會的問題，必須對現在的稅制作一個檢討。以怎樣的稅法來縮小貧富差距的問題，是以當今社會的問題需要對現今的稅法制度進行改革。

3.大陸現在民主與法治的發展，在創造以人為本，讓更多的人

---

[8] 編按：神舟六號（簡稱神六）於二〇〇五年十月十二日上午從中國酒泉航天中心發射升空，在航行五日後順利降落。這是繼二〇〇三年十月十五日「神舟五號」升空後，中國第二次載人太空飛行，也是中國首次兩人多天的太空飛行。

來參與國家的重大經濟生活，參與國家的民主立法。二〇〇五年九月全國人大進行了個人所得稅改革的立法聽證會，這個聽證會可以說是大陸全國人大立法史上第一次的立法聽證會，目的就是要讓更多的人來關心國家的立法，讓更多的人來參與國家重大經濟政策的形成，影響可以說是極大，所有的媒體都把關注焦點放在此處。

六、立法聽證會上主要問題與看法

(一)個人所得稅、薪資所得扣除額是多少？

因為大陸的個人所得稅跟台灣不一樣，大陸的個人所得稅是分類所得，即每一種所得有一種稅率，每一種所得有一種扣除額，台灣是把所有的所得綜合在一起，叫綜合所得稅，可是裏面保留一種所得叫薪資所得。大陸在一九九四年的個人所得稅的收益只有七十億人民幣，到二〇〇四年增加到一千七百多億人民幣，二〇〇六年達到二千四百五十三億三千萬元人民幣。而個人所得稅收入增長較快，但有一部分人存在著某種程度逃稅的問題，台灣按照稅捐稽徵法把「脫逃稅」稱作「逃漏稅」，所以台灣是把這種違反稅捐稽徵法的行為採取概括的意義，用一個概念來概括這種行為。大陸採取一種列舉的方法，把逃漏稅這種行為細分為偷稅、欠稅、抗稅、騙稅、虛開增值稅專用發票等犯罪，不同的違法行為處罰不一樣，所以這裏面討論一個薪資所得扣除額定為多少。

財政部的方案是把現在個人所得的薪資所得扣除標準從八百提高到一千五，你是否贊成？若不贊成，是覺得太低，還是太高？關於這些問題，社會的看法不一，有的人認為高了，有的人認為

低了，有些人認為適宜，薪資所得大陸稱為工薪所得，把這一部分提高到一千五，要注意，它是以每個月一千五來計算，這是第一個概念。

第二個概念，它是以個人為納稅人，台灣是以家庭為納稅主體，大陸如果以家庭為納稅主體，假設夫妻兩人都有薪資所得的話，至少可以扣除三千，一年可扣除三萬六，按照現在人民幣為台幣的四倍計算，差不多有新台幣十四萬，如果再算入物價，因為台灣物價比大陸高三倍，台商在大陸的扣除額，按照過去的課稅發展，同時要附加一千，就是說台商在大陸每個月可以扣除四千人民幣，四千人民幣一年扣除四萬八，四萬八我們如果以家裏夫妻兩個為計算差不多也快十萬人民幣，如果再按照三倍的物價就快三十萬，所以在大陸的扣除比台灣還多一些，我提出一個觀點是要提高到一千六百元。

(二)全國課稅的標準是否要統一？

我是當時二十個公眾聽證人之一，而這些人代表社會不同的階層，有東部、有西部、有發達地區、有落後地區、有高收入、中收入、有低收入，而我是法學界唯一的代表，我當時提出一個觀點就是從人權保障的角度來提出扣除的問題，這要從公民的平等權、生存權或發展權的角度提出。

我堅持全國一定要統一，像上海、廣州這些地方，他們主張全國扣除標準是一樣的，但是上海以外的地方反對，我的觀點是該統一。統一的理由如下述幾個方面：

第一個方面是，大陸現行的稅收立法體制要求太多，現在大陸稅收立法權在急速的成長，我們把整個稅細分為中央稅、共用稅，和地方稅，即便是地方稅，立法權也是自己的問題，這是一個考慮。

　　第二個考慮是平等權，如果全國不統一，會造成一部分地方扣除額高，部分地方特別低，這是違反基本的人權平等，都是中國大陸的公民，為什麼你這個地方特別高，我這個地方特別低呢？

　　第三個是平衡區域發展，沒落地區原本需要人才，但是扣除額不一樣的話，沒落地區的人才可能流向發達地區，因為它的扣除額高，他選擇到這個扣除額高的地方，這對經濟的發展也不利。當時我的觀點得到很多人的認同，包括社會民眾的贊同，這是我為各位介紹為什麼要改革的用意。

　　最後，二〇〇五年十月全國人大常委會通過的「中華人民共和國個人所得法修正案」採納了我的觀點：費用扣除標準定在每月一千六百元人民幣，且全國統一費用扣除標準。

七、改革方向

(一)企業所得稅法改革問題

　　即內資與外資的問題。現在大陸外資的稅賦實際上是在百分之十五，這個稅賦在全世界都是很低的，它優惠到什麼程度？根據大陸官員表示，外資企業生產行程，包括台資企業，經營期在十年以上的生產型企業，自營利之日起前兩年免稅，三到五年減半。於是有一些外資企業，包括台資企業，它前五年營業但不營利，我們知道營業不一定營利，營利就一定營業；自營利之日起前兩年免稅，已經到了第八年了，後三年減半就到十一年了，這個時間一滿以後，再把這個企業註銷，重新註冊一個企業，又是一樣的作法；所以這樣一種優惠使得大陸租稅流失很大。

　　這樣一種制度，雖然不違反國民待遇原則，但是它造成了對

內資稅收歧視，它使內資企業的發展存在一些問題，所以最需要的是將這兩種制度統一。但是我們在分析有關問題時要客觀，不能脫離當時的政治、經濟與文化背景，中國大陸為何要規定這樣的稅收優惠制度[9]？制定當時是要吸引外資，但是現在的改革吸引外資的政策不變，如何使內資跟外資在同一條件下開展進度，這是需要解決的問題。在此，我將二〇〇七年三月十六日第十屆全國人民代表大會第五次會議通過的「中華人民共和國企業所得稅法」的主要內容做一簡要解讀。

大陸長期以來實行的是內外有別的企業所得稅制度，外資企業適用「外商投資企業和外國企業所得稅法」，內資企業適用「企業所得稅暫行條例」，自二〇〇八年一月一日起施行，將對內外資企業實行統一的所得稅法、統一的稅率、統一的稅前扣除範圍和標準、統一的稅收優惠政策。

■企業所得稅的納稅人

在大陸境內，企業和其他取得收入的組織（以下統稱企業）為企業所得稅的納稅人。但個人獨資企業、合夥企業除外。

企業分為居民企業和非居民企業。居民企業，是指依法在中國大陸境內成立，或者依照外國（地區）法律成立但實際管理機構在中國大陸境內的企業。非居民企業，是指依照外國（地區）法律成立且實際管理機構不在中國大陸境內，但在中國大陸境內設立機構、場所的，或者在中國大陸境內未設立機構、場所，但有來源於中國大陸境內所得的企業。

居民企業應當就其來源於中國大陸境內、境外的所得繳納企業所得稅。非居民企業在中國大陸境內設立機構、場所的，應當

9　編按：所謂稅收優惠，實際就是指政府利用稅收制度，按預定之目的，以
　　減輕某些納稅人應履行的納稅義務來補貼納稅人的某些活動或相應的納稅
　　人。稅收優惠的形式有四種：減稅、免稅、出口退稅、先徵後退。

就其所設機構、場所取得的來源於中國境內的所得，以及發生在中國大陸境外但與其所設機構、場所有實際聯繫的所得，繳納企業所得稅。非居民企業在中國大陸境內未設立機構、場所的，或者雖設立機構、場所但取得的所得與其所設機構、場所沒有實際聯繫的，應當就其來源於中國大陸境內的所得繳納企業所得稅。

■企業所得稅的徵稅對象

企業所得稅的徵稅對象為企業所獲得的各種應稅收入。企業以貨幣形式和非貨幣形式從各種來源取得的收入，為收入總額，包括：(1)銷售貨物收入；(2)提供勞務收入；(3)轉讓財產收入；(4)股息、紅利等權益性投資收益；(5)利息收入；(6)租金收入；(7)特許權使用費收入；(8)接受捐贈收入；(9)其他收入。

收入總額中的下列收入為不徵稅收入：(1)財政撥款；(2)依法收取並納入財政管理的行政事業性收費、政府性基金；(3)國務院規定的其他不徵稅收入。

■企業所得稅的稅率

企業所得稅的稅率為 25%。非居民企業取得「企業所得稅法」第三條第三款規定的所得，適用稅率為 20%。

■企業所得稅應納稅所得額的計算

企業每一納稅年度的收入總額，減除不徵稅收入、免稅收入、各項扣除以及允許彌補的以前年度虧損後的餘額，為應納稅所得額。

企業實際發生的與取得收入有關的、合理的支出，包括成本、費用、稅金、損失和其他支出，准予在計算應納稅所得額時扣除。

企業發生的公益性捐贈支出，在年度利潤總額 12%以內的部分，准予在計算應納稅所得額時扣除。

在計算應納稅所得額時，下列支出不得扣除：(1)向投資者支

付的股息、紅利等權益性投資收益款項；(2)企業所得稅稅款；(3)稅收滯納金；(4)罰金、罰款和被沒收財物的損失；(5)「企業所得稅法」第九條規定以外的捐贈支出；(6)贊助支出；(7)未經核定的準備金支出；(8)與取得收入無關的其他支出。

在計算應納稅所得額時，企業按照規定計算的固定資產折舊，准予扣除。下列固定資產不得計算折舊扣除：(1)房屋、建築物以外未投入使用的固定資產；(2)以經營租賃方式租入的固定資產；(3)以融資租賃方式租出的固定資產；(4)已足額提取折舊仍繼續使用的固定資產；(5)與經營活動無關的固定資產；(6)單獨估價作為固定資產入帳的土地；(7)其他不得計算折舊扣除的固定資產。

在計算應納稅所得額時，企業按照規定計算的無形資產攤銷費用，准予扣除。下列無形資產不得計算攤銷費用扣除：(1)自行開發的支出已在計算應納稅所得額時扣除的無形資產；(2)自創商譽；(3)與經營活動無關的無形資產；(4)其他不得計算攤銷費用扣除的無形資產。

在計算應納稅所得額時，企業發生的下列支出，作為長期待攤費用，按照規定攤銷的，准予扣除：(1)已足額提取折舊的固定資產的改建支出；(2)租入固定資產的改建支出；(3)固定資產的大修理支出；(4)其他應當作為長期待攤費用的支出。

企業對外投資期間，投資資產的成本在計算應納稅所得額時不得扣除。

企業使用或者銷售存貨，按照規定計算的存貨成本，准予在計算應納稅所得額時扣除。

企業轉讓資產，該項資產的淨值，准予在計算應納稅所得額時扣除。

企業在彙總計算繳納企業所得稅時，其境外營業機構的虧損不得抵減境內營業機構的盈利。

　　企業納稅年度發生的虧損，准予向以後年度結轉，用以後年度的所得彌補，但結轉年限最長不得超過五年。

　　非居民企業取得「企業所得稅法」第三條第三款規定的所得，按照下列方法計算其應納稅所得額：(1)股息、紅利等權益性投資收益和利息、租金、特許權使用費所得，以收入全額為應納稅所得額；(2)轉讓財產所得，以收入全額減除財產淨值後的餘額為應納稅所得額；(3)其他所得，參照前兩項規定的方法計算應納稅所得額。

　　在計算應納稅所得額時，企業財務、會計處理辦法與稅收法律、行政法規的規定不一致的，應當依照稅收法律、行政法規的規定計算納稅。

■企業所得稅應納稅額的計算

　　企業的應納稅所得額乘以適用稅率，減除依照本法關於稅收優惠的規定減免和抵免的稅額後的餘額，為應納稅額。

　　企業取得的下列所得已在境外繳納的所得稅稅額，可以從其當期應納稅額中抵免，抵免限額為該項所得依照本法規定計算的應納稅額；超過抵免限額的部分，可以在以後五個年度內，用每年度抵免限額抵免當年應抵稅額後的餘額進行抵補：(1)居民企業來源於中國大陸境外的應稅所得；(2)非居民企業在中國大陸境內設立機構、場所，取得發生在中國大陸境外但與該機構、場所有實際聯繫的應稅所得。

　　居民企業從其直接或者間接控制的外國企業分得的來源於中國大陸境外的股息、紅利等權益性投資收益，外國企業在境外實際繳納的所得稅稅額中屬於該項所得負擔的部分，可以作為該居民企業的可抵免境外所得稅稅額，在「企業所得稅法」第二十三條規定的抵免限額內抵免。

■企業所得稅稅收優惠

國家對重點扶持和鼓勵發展的產業和項目，給予企業所得稅優惠。

企業的下列收入為免稅收入：(1)國債利息收入；(2)符合條件的居民企業之間的股息、紅利等權益性投資收益；(3)在中國境內設立機構、場所的非居民企業從居民企業取得與該機構、場所有實際聯繫的股息、紅利等權益性投資收益；(4)符合條件的非營利組織的收入。

企業的下列所得，可以免徵、減徵企業所得稅：(1)從事農、林、牧、漁業項目的所得；(2)從事國家重點扶持的公共基礎設施項目投資經營的所得；(3)從事符合條件的環境保護、節能節水項目的所得；(4)符合條件的技術轉讓所得；(5)「企業所得稅法」第三條第三款規定的所得。

符合條件的小型微利企業，減按 20％的稅率徵收企業所得稅。國家需要重點扶持的高新技術企業，減按 15％的稅率徵收企業所得稅。

民族自治地方的自治機關對本民族自治地方的企業應繳納的企業所得稅中，屬於地方分享的部分，可以決定減徵或者免徵。自治州、自治縣決定減徵或者免徵的，須報省、自治區、直轄市人民政府批准。

企業的下列支出，可以在計算應納稅所得額時加計扣除：(1)開發新技術、新產品、新工藝發生的研究開發費用；(2)安置殘疾人員及國家鼓勵安置的其他就業人員所支付的工資。

創業投資企業從事國家需要重點扶持和鼓勵的創業投資，可以按投資額的一定比例抵扣應納稅所得額。

企業的固定資產由於技術進步等原因，確需加速折舊的，可

以縮短折舊年限或者採取加速折舊的方法。

企業綜合利用資源，生產符合國家產業政策規定的產品所取得的收入，可以在計算應納稅所得額時減計收入。

企業購置用於環境保護、節能節水、安全生產等專用設備的投資額，可以按一定比例實行稅額抵免。

根據國民經濟和社會發展的需要，或者由於突發事件等原因對企業經營活動產生重大影響的，國務院可以制定企業所得稅專項優惠政策，報全國人民代表大會常務委員會備案。

■企業所得稅的特別納稅調整

企業與其關聯方之間的業務往來，不符合獨立交易原則而減少企業或者其關聯方應納稅收入或者所得額的，稅務機關有權按照合理方法調整。企業與其關聯方共同開發、受讓無形資產，或者共同提供、接受勞務發生的成本，在計算應納稅所得額時應當按照獨立交易原則進行分攤。

企業可以向稅務機關提出與其關聯方之間業務往來的定價原則和計算方法，稅務機關與企業協商、確認後，達成預約定價安排。

企業向稅務機關報送年度企業所得稅納稅申報表時，應當就其與關聯方之間的業務往來，附送年度關聯業務往來報告表。稅務機關在進行關聯業務調查時，企業及其關聯方，以及與關聯業務調查有關的其他企業，應當按照規定提供相關資料。

企業不提供與其關聯方之間業務往來資料，或者提供虛假、不完整資料，未能真實反映其關聯業務往來情況的，稅務機關有權依法核定其應納稅所得額。

由居民企業，或者由居民企業和中國大陸居民控制的設立在實際稅賦明顯低於本法第四條第一款規定稅率水準的國家（地區）

的企業，並非由於合理的經營需要而對利潤不做分配或者減少分配的，上述利潤中應歸屬於該居民企業的部分，應當計入該居民企業的當期收入。

　　企業從其關聯方接受的債權性投資與權益性投資的比例超過規定標準而發生的利息支出，不得在計算應納稅所得額時扣除。

　　企業實施其他不具有合理商業目的的安排，而減少其應納稅收入或者所得額的，稅務機關有權按照合理方法調整。

　　稅務機關依照「企業所得稅法」規定做出納稅調整，需要補徵稅款的，應當補徵稅款，並按照國務院規定加收利息。

■新舊企業所得稅的過渡期安排

　　「企業所得稅法」公布前已經批准設立的企業，依照當時的稅收法律、行政法規規定，享受低稅率優惠的，按照國務院規定，可以在本法施行後五年內，逐步過渡到本法規定的稅率；享受定期減免稅優惠的，按照國務院規定，可以在本法施行後繼續享受到期滿為止，但因未獲利而尚未享受優惠的，優惠期限從「企業所得稅法」施行年度起計算。

　　法律設置的發展對外經濟合作和技術交流的特定地區內，以及國務院已規定執行上述地區特殊政策的地區內新設立的國家需要重點扶持的高新技術企業，可以享受過渡性稅收優惠，具體辦法由國務院規定。

　　國家已確定的其他鼓勵類企業，可以按照國務院規定享受減免稅優惠。

(二)個人所得稅法改革

　　為了加速大陸市場經濟體制建設，適應所得稅法國際發展的趨勢，大陸二〇〇五年十月二十七日對「個人所得稅法」進行了第三次修訂。經過這次修改，儘管大陸「個人所得稅法」已基本

與國際接軌，但應看到作為發展中國家，與國際慣例尚有一定的距離。因此，需要不失時機地進一步完善「個人所得稅法」。

　　發達國家近十年的個人所得稅法改革是以「公平、效率」作為改革目標，改革的重點是圍繞擴大稅基，減少各種優惠待遇，堵塞稅收漏洞來進行的[10]。我認為，進一步完善大陸「個人所得稅法」也應從這些方面著手：

■將分類所得稅立法例逐步轉向分類綜合所得稅立法例

　　從稅法理論來看，所得稅制可分為分類所得稅制、綜合所得稅制和分類綜合所得稅制三種。分類所得稅的立法依據在於，對不同性質的所得適用不同的稅率實行差別待遇，既可控制稅源，又可節省稽徵費用，但不能較好地體現公平稅賦的原則。綜合所得稅制體現納稅人的實際負擔水準，符合支付能力原則和量能徵稅的原則，但其弊端是徵稅繁瑣，易造成偷漏稅機會。分類綜合所得稅制是當今世界各國廣泛實行的所得稅制，它反映了分類所得稅制與綜合所得稅制的趨同態勢。其主要優點在於，它堅持了按支付能力課稅的原則，對納稅人不同來源的收入實行綜合計算徵收（綜合所得稅制之優點所在），又堅持了對不同性質的收入實行區別對待的原則，對所列舉的特定收入項目按特定辦法和稅率課徵（分類所得稅制的優點所在）。除此之外，它還有稽徵方便，有利於減少偷漏稅方面的優點，實為一種較好的所得稅制。大陸一九八〇年的「個人所得稅法」採用的就是分類所得稅的立法模式，一九八七年的「個人收入調節稅暫行條例」採用的是分類綜合所得稅制，即對工資、薪金收入，承包、轉包收入，財產租賃收入，合併為綜合收入，按月計算徵收；其餘收入適用比例稅率。修改後的「個人所得稅法」仍然採用分類所得稅制。從發展趨勢

---

[10] 參見高爾森主編，《國際稅法》，第 2 版，法律出版社，1993，頁 32-36。

來看，大陸的「個人所得稅法」應採用國際上通行的分類綜合所得稅制，因為，分類所得稅制雖然計徵方便，但不能較好地體現稅收公平原則，不能有效地消除納稅人負擔差異；綜合所得稅制雖然可以消除這一差異，但又對不同來源的收入實施稅收歧視。而分類綜合所得稅制綜合了上述兩類稅制的優點。鑑於個體工商戶實為自然人的狀況，在應稅所得中沒有單獨設立個體工商業戶生產、經營所得的必要，而應將之分散在其他應稅所得中，並將工資、薪金收入、承包、轉包收入、財產租賃收入、財產轉讓收入合併為綜合收入，在做了合理費用扣除後，適用累進稅率，其餘收入適用比例稅率，這樣就可充分發揮上述分類綜合所得稅制的優點，適應國際發展的趨勢。

■進一步擴大稅基，規範稅前費用扣除

擴大稅基，實際上就是開闢新稅源，從而增加財政收入。這是一九八〇年代以來各國所得稅制改革中所普遍採用的一項重要措施，特別是在降低稅率導致稅收收入減少的情況下，這些措施的重要性更顯而易見。修改後的「個人所得稅法」雖然擴大了稅基，但還不夠，應根據經濟生活的發展，進一步擴大稅基，其措施一是應根據新情況增加一些新的應稅所得，如農業生產經營所得，期貨交易所得、證券交易所得；二是取消或降低一些費用扣除，如對企業事業單位的承包所得、承租所得的費用扣除可適當降低；三是對個人購買國債和國家發行金融債券的利息徵收預提稅[11]。

稅前扣除應進一步規範。修改後的「個人所得稅法」均採用

---

[11] 一九九九年八月三十日九屆全國人大常委會第十一次會議對「個人所得稅法」進行了第二次修改，其內容主要是針對當時投資不足、消費疲軟的經濟特點而取消了儲蓄存款利息的免稅待遇，對儲蓄存款利息開始徵收個人所得稅。參見劉劍文主編，《財政稅收法》，第 2 版，法律出版社，2001，頁 378。

統一固定數額的費用扣除，這種辦法雖然簡單，但不能很好地體現公平稅賦原則，不同的納稅人取得不同的應稅所得，所花費的成本和費用不同，故費用扣除應有所區別。如勞務所得與稿酬所得的費用扣除標準應有所區別。又如，關於生計費（工資、薪金所得）扣除問題，這種扣除實質上是勞動費用的扣除，在於能給予最低生活費的家庭以稅率為零的照顧。

此外，還應增加對一些特定項目的免稅，如依國家賠償法取得的賠償金、各類學校學生獲得的獎學金。

■降低稅率，縮減稅率級數

各國實踐證明，高稅率不一定有高收入，還有可能阻礙經濟增長，誘使納稅人逃避稅收。大陸「個人所得稅法」對工資、薪金規定的最高稅率為 45%。從各國降低個人所得稅稅率的趨勢來看，45%的稅率是過高了。據測算，大陸工薪收入者扣除一千六百元費用後，繳納個人所得稅者約為 1%，而 1%的納稅人中，大部分只適用 5%和 10%的兩級低稅率。可以說第五級至第九級稅率意義不大，適用者甚少，卻使大陸稅制背負高稅率之名。再從經濟發展的角度來看，今後在相當長一段時間能適用第五級（月薪四萬元以上）以上稅率的納稅人亦為數不多，故有必要適當降低稅率。

■推廣稅收指數化，建立彈性稅制

稅收指數化是指根據通貨膨脹的情況相應調整費用扣除額和稅率表中的應稅所得額級距，再按適用稅率計稅，這樣可有效防止因通貨膨脹所導致的稅率攀升。目前，大陸「個人所得稅法」只是對納稅人的涉外工資、薪金所得課稅方面，規定可以根據納稅人的平均收入水準、生活水準以及匯率變化情況確定附加減除費用。今後，有必要分兩步完善稅收指數化制度：第一步將現行

僅對納稅人涉外所得適用的靈活性條款延伸至全部所得；第二步
採用正式的稅收指數化條款，開始可以只調整費用扣除額，然後
逐步過渡到同時調整費用扣除額和稅率表。

■改進不公平的差別待遇，規範稅前費用扣除，進一步實現稅賦公平

大陸「個人所得稅法」中不公平的差別待遇主要體現在三個
方面：一是工薪所得與勞務報酬所得同為勤勞所得，卻實行差別
待遇；二是對工資、薪金所得採用 5%至 45%的超額累進稅率，
利息、股息、紅利、財產租賃、財產轉讓所得等非勤勞所得採用
了 20%的比例稅率，前者的最高稅率大大高於後者，不但會影響
按勞分配原則的實施，且會導致稅賦不公；三是對同為非勤勞所
得的股息、紅利課稅，而對國債和金融債券利息免稅，有失公平，
故應對同一性質的所得平等徵稅，盡可能實現稅賦的公平。

另外，稅賦不公還表現在「個人所得稅法」所採用的統一固
定數額的費用扣除上。具體表現在：(1)不同的納稅人取得不同的應
稅所得，所花費的成本和費用不同，故費用扣除應有所區別。(2)
還要考慮地區間經濟發展的不平衡狀況，如一九九三年上海市人
均國民生產總值是貴州的九點五倍，絕對差高達 10,468 元，應就
東部和中西部發展水準確定一個發展指數，正確制定不同的扣除
標準。(3)法定扣除還應考慮家庭負擔的差異，應該制定出有贍養
父母的家庭和不需要贍養父母的家庭不同的扣除標準。因此，「個
人所得稅法」對生活費給予的扣除，不應是固定的，而應是浮動
的，即應隨著國家匯率、物價水準和家庭生活費支出增加諸因素
的變化而變化。此外，還應增加一些特定項目的免稅，如依國家
賠償法取得的賠償金、各類學校學生獲得的獎學金等。

同時，應該統一中外納稅人的扣除標準[12]。現行稅法對境內工作的中國公民扣除一千六百元，而對外籍人員、境外工作的中國公民附加扣除三倍（即總計四千八百元）。隨著我國經濟發展和生活品質的提高，境內外基本生活消費支出的差別已經逐步縮小，對目前的差別扣除標準應予以統一。

■借鑑國際作法，修改居民納稅人確定基準

大陸目前的居民納稅人除在大陸境內有住所的個人以外，還包括在我國境內居住滿一年的個人。目前大多數國家均以一百八十三天作為基準確定個人所得稅法上的居民。大陸對外簽訂的國際稅收協定大多數也是按一百八十三天來劃分納稅人的無限和有限納稅義務的。因此，大陸今後也應該取消一年規則，採取一百八十三天規則，以使國內法與國際稅收協定和大多數國家的做法保持一致[13]。

■改革個人所得稅稅收徵收管理體制，形成以納稅申報為基礎，以稅務稽查為保證，以稅務代理為輔助的徵管模式

修訂後的「個人所得稅法」採取源泉徵收為主、自行申報為輔的徵收方式，在目前是符合大陸國情的。因為大陸公民的納稅意識還比較薄弱，自行申報納稅的觀念尚未普遍形成，為了加強稅源控制，堵塞稅收漏洞，實行以代扣代繳為主的稅款徵收方式是比較切合實際的，但根據國際慣例，從培養公民自覺履行納稅義務的角度來看，將源泉扣除為主的納稅制度改為以自行申報納稅為主或完全自行申報的納稅制度。目前各國在所得稅徵管方式上，主要採用源泉課徵法和申報納稅法。由於這兩種徵收辦法在

---

[12] 參見朱大旗，〈關於完善個人所得稅法若干重大問題的法律思考〉，《法學家》，第 3 期，2001。

[13] 參見楊斌，〈個人所得稅法居民身分確定規則的比較研究〉，《比較法研究》，第 1 期，1997。

實際運用中各有利弊,故在大多數情況下均結合起來使用,以互補不足。各國通行的做法是,對納稅人易於源泉徵收的應稅所得,如工資、股息、利息、特許權使用費、租金等在其支付階段源泉徵收,按特定稅率或普通稅率計徵,然後由納稅人在期末對全部所得集中申報,計算出應納稅額後,再將納稅人已經源泉徵收的稅額從中扣除。也有些國家實行完全的自行申報納稅制度,如日本稅法規定,由納稅者本人按稅法規定計算一年的總收入,扣除有關法定支出和應繳納的稅款,稅務人員再根據平時調查掌握的情況,若發現納稅者必須申報的金額有差錯或未如實申報,以及計算方法不對等問題時,有權要求納稅者在限期內予以糾正,對偷稅者嚴懲。修改後的「個人所得稅法」採取源泉扣繳為主,自行申報為輔的徵收方式,在目前是符合大陸國情的,因為大陸公民的納稅意識還比較薄弱,自行申報納稅的觀念尚未普遍形成,為了加強稅源控制,堵塞稅收漏洞,實行以代扣代繳為主的稅款徵收方式比較切合實際。但根據國際慣例,從培養公民自覺履行納稅義務的角度看,應從以下方面來改革現行徵管模式:(1)完善納稅申報制度,建立全國統一的納稅人納稅專用編碼;實行納稅人和有支付能力的單位雙向申報;詳細規定申報主體、申報表格等內容,使納稅人有章可循。(2)健全稅務代理制度,提高納稅申報品質。(3)加強稅務稽查,確保納稅申報的準確性和真實性。即改以源泉扣稅為主的納稅制度為自行申報納稅為主或完全自行申報的納稅制度。

(三)其他稅種法的改革問題

■增值稅的轉型

我們稱為貨物稅或加值營業稅,大陸以前的增值稅是一種生產型的,即含稅的部分也購買了固定資產,像機器、廠房、設備

裏面含稅的部分是不能扣除的，因為機器、廠房、設備是為了企業擴大生產用的，如果為了企業擴大生產用的含稅不能扣除的話，那產業就沒什麼競爭性了，所以要把生產型的增值稅改為消費型的增值稅，這中間含稅的部分應該扣除，現在在東北遼寧、吉林、黑龍江試行，很快就可以在全國推廣。

■把土地使用稅、土地增值稅合併，制定物業稅法

大陸的整個稅法體系若按照租稅法定主義的要求，還有一段距離，租稅法定主義的要求是形式上的法定，在大陸整個稅法體系裏面有二十個稅種，但是現在只有三個稅種為法律所規定，一個是個人所得稅，一個是外商投資企業或外國企業所得稅（將被企業所得法代替），還有一個是一九五八年的農業稅條例（曾由全國人大常委會制定，二○○六年一月一日被廢止），再加上稅收徵捐法，像增值稅、消費稅都是條例，大陸的條例跟台灣的條例不一樣，台灣的條例也是法律，只是稱為條例而已，大陸的條例是一種行政法規，效力層次比法律低一個檔次，在這裏面有一個很重要的任務，要把這些條例，這些行政法規上升為法律，因為稅涉及人民基本的人權問題。

租稅法定怎麼樣是實質的法定？在法律中要如何更好的貫徹公平、效率、秩序原則？這也是很重要的問題，因為租稅法定主義經過第二個階段，我們所謂形式法定，強調的是對行政權的一種控制，我們所謂實質法定，是指對立法權的控制。行政機關濫用權力，我們還可以透過行政覆議和行政訴訟，在台灣行政覆議稱做訴願來救濟，但是當立法機關濫用權力，我們有什麼辦法救濟？因此這是在強調量能課稅的問題。第二個強調公平的問題，要從形式上的法定向實質上的法定發展。台灣是透過大法官會議解釋，台灣現在大法官會議解釋有五百多號（計至二○○五年十

月止），有相當一部分是稅法，我當時就問台灣教授一個問題，如果大法官會議解釋錯了怎麼辦？他說大法官解釋錯的有之，大法官只有懂稅法才能做一個合理的解釋；但是解釋錯了怎麼救濟？所以台灣教授研究稅法，對大法官會議解釋來做一個評判，但是在大陸缺乏這一研究資源，所以我們需要從形式方面的法定走向實質上的法定，實質法定就是對立法權的限制。

第三個就是稅的徵收，稅的使用問題。稅的徵收使用涉及到三類人，納稅人、徵稅人、用稅人，這三者的關係我們透過什麼東西把它固定下來？透過什麼東西來研究它？如何來協調這三者的關係？大陸在二〇〇六年跟二〇〇四年開展了審計風暴，亦即要檢查國家有關機關、國有企業在執行國家的稅收法律政策的情況。就是要讓人民監督稅如何使用，國家要給人民一個交代，所以這裏面人大扮演重要的角色，大陸當務之急是要進一步提高立法的規格和檔次，將稅收條例上升為法律。

八、結語

我今天跟陳（顯武）教授探討一個問題，我們的法律教育應該培養什麼樣的人才？我認為我們的法律教育不僅僅是要培養法官、檢察官，而且還要培養大量的律師、企業法律顧問。我想在大陸跟台灣都有許多相似之處：台灣司法官考試每年就是一百來個人，可一年要畢業兩千多法律本科生，那麼其他人幹什麼呢？大陸也面臨這樣的問題，法官跟檢察官現在的編制基本上滿了，而社會最需要人的是企業，應該培養這方面的法律人才。

我們學法律更多的是要預防和減少社會犯罪、減少違法。所以我們學稅法的人大有用武之地，在國外，跨國大公司都有專任

的稅務總裁或稅務經理。在今天社會，人們衡量一個人的價值，就看你對社會的貢獻，而對社會的貢獻往往透過你的報酬、薪資來考量。在跨國企業有專門做租稅規劃的人，大陸叫租稅籌劃，能夠為企業節省百萬、千萬、甚至億萬，企業一年給你一百萬、兩百萬人民幣的收入，我想對於大學生來講，這可能也是種價值取向，社會需要這方面的人，所以我們這些年在大陸強調稅法人才培養的問題，我們要培養更多的稅務律師、稅務法官、稅務檢察官、稅務總裁等。

大陸跟台灣一樣，沒有專門的稅務法官，也沒有專門的稅務檢察官，這個稅制法很專業，這裏有兩種趨勢是需要解決的：

第一，稅的表面形式上是財務問題，實質上是法的問題，而台灣現在是由會計師來做。某日有十幾位會計師、律師請我吃飯，我的左邊坐五位會計師，都在上海財經大學念博士，我的右邊坐了兩位律師，也在北京大學或政法大學念博士，都是台灣的同學，但都認為稅是一個法律問題。結果會計師就說：希望你們律師以後多幫我們留一口飯吃。我們的稅務官，大陸跟台灣也有共同的，百分之九十五是來自財經院校系，而在發達國家、發達地區的稅務官員百分之七十來自於法律院校，如果稅務機關需要更多的學法律的人才，那我們學法律人的就業問題就能解決了。所以我覺得二十一世紀稅法專業人才，需要樹立稅收經濟學跟稅法學的觀念。

第二，在我們法律人裏面，很多人認為稅法就是搞計算的，也就是搞數字遊戲的。我認為不完全是這樣，稅法是很有理論的，稅法的理論不亞於民法、刑法、行政法。這就像我們拿一個瓶子，從瓶口往裏面看，當我們遇到瓶頸的時候，看不到稅法的魅力，當我們穿過一個瓶頸，就會發現稅法後面無限廣闊，你要是真正喜歡稅法，會發現稅法其實是很有意思的，所以二十一世紀的稅法專業人才大有用武之地，在大陸、在台灣都一樣。

參考文獻

王浦、徐湘林主編,《經濟體制轉型中的政府作用》,北京:新華
　　出版社,2000。

朱大旗,〈關於完善個人所得稅法若干重大問題的法律思考〉,《法
　　學家》,第 3 期,2001。

高爾森主編,《國際稅法》,第 2 版,法律出版社,1993。

從希斌、段學芬主編,《中國社會主義法制概論》,天津:天津社
　　會科學院出版社,1991。

陸建華,《財政與稅收》,上海:復旦大學出版社,2005。

張正軍編著,《個人所得稅實務全書》,北京:北京大學出版社,
　　2005。

楊萍主編,《稅法學原理》,中國政法大學出版社,2004。

楊斌,〈個人所得稅法居民身分確定規則的比較研究〉,《比較法研
　　究》,第 1 期,1997。

劉佐、靳東生主編、國家稅務總局稅收科學研究所編著,《中國所
　　得稅》,民主與建設出版社,2005。

劉遠軍,《中國所得課稅管理研究》,中國財政經濟出版社,2006。

劉劍文,〈中國稅收立法問題研究〉,《知識經濟與法律變革》(北
　　大法學文存第五卷),北京:北京大學出版社,2002,頁
　　160-217。

劉劍文,《所得稅法導論》,武漢:武漢大學出版社,1995。

劉劍文,《國際所得稅法研究》,中國政法大學出版社,2000。

劉劍文主編,《稅法學》,第二版,人民出版社,2003。

劉劍文主編,《財政稅收法》,第 2 版,法律出版社,2001。

劉劍文主編，《財稅法學研究述評》，高等教育出版社，2004。

劉劍文、熊偉，〈WTO 體制下中國稅法發展的基本趨勢〉，《知識
　　經濟與法律變革》（北大法學文存第五卷），北京：北京大學
　　出版社，2002，頁 218-242。

劉劍文、熊偉，《稅法基礎理論》，北京：北京大學出版社，2004。

樊靜，《中國稅制新論》，北京：北京大學出版社，2005。

嚴振生編著，《稅法理論與實務》，中國政法大學出版社，1995。

第四章

全球化下公法學發展之風貌

——以移民之人權保護為例

廖元豪

學歷：美國印第安那大學布魯明頓校區法學博士

現職：政治大學法律學系助理教授

研究專長：憲法、行政法、傳播法、英美法

演講日期：2005 年 10 月 26 日

一、前言

　　首先說明為何要談這個題目。這次演講的大標題是「全球化下公法學發展的風貌」，看來似乎應該由「制式法學」切入。制式法學有它的貢獻，它的既有想法是在一個基本的框框底下，做內部細部的邏輯詮釋。法學者與律師、法官在這裏的任務，就是想辦法讓它邏輯一致。但是如果想超越技術操作層次，而要讓法律這門學科有點「學問」的層次，能夠跟不同的學科對話，那麼應該要去探討的不只那個框框本身而已，應該要去探討框框背後的背景是什麼。沒有什麼法律背後是沒有背景想法（background understanding）的，像民法的基本想法是個人主義、自由市場，其他不同的法也有不同的背景想法。

　　再拿「全球化」來說，我在美國的時候，就知道很多法律都開始受到這個概念的影響，所以我想看這東西有沒有什麼自己有興趣，又可以做研究的題目。而談到「移民人權」，如果只空談理論，基本上沒有什麼太多意義。我希望可以切到台灣現實的現象來談。大規模的跨國移民、移工是這些年來台灣的一個很重要的現象，也是這些年來全世界很重要的一個普遍現象。在台灣，我除了在政大教書，也參與一些社運活動，基本感想是：我們的法律制度跟論述都跟不上這個情況（移民與移工現象）的發展。簡單來講，台灣一直是個移民國家，以後也不太可能會有改變；可是我們的法律從來沒有體現出「移民國家」的思維。所以我自己的經驗是，也許我們可以從這個角度來看問題；我們關心移民人權，而全球化也許可以作為我們關心的脈絡之一。

二、日久他鄉是故鄉

　　在進入我的投影片之前，各位先去設想一個場景：你是個移民，離開台灣到外國去，永遠要嫁或娶過去。在這個地方語言不通，舉目無親，你永遠要待在那個地方，你在這個地方有可能會遭受到很多壓迫，可是你為了追求自己好一點的物質或心靈生活，你決定要去那邊冒險一下，於是你待在一個自己不熟悉的地方。為何要講這些背景，就是要讓你有些感覺，這是一首歌，叫作〈日久他鄉是故鄉〉，作詞者當時是到屏東美濃設了所謂的外籍新娘識字班（後來改名叫中文班），後來這個組織就發展為現在的「南洋台灣姊妹會」，變成很重要的婚姻移民基層運動組織，讓這些外籍新娘可以自我訓練、保護，而不受人歧視。這首歌的左半邊（前半段）是很悲傷的，但是過了十年，出現了右半邊（後半段）比較正面的歌詞。

日久他鄉是故鄉	
詞：鍾永豐、夏曉鵑　　曲：林生祥　　主唱：黎氏玉印（越南）	
天皇皇，地皇皇	朋友辦，識字班
無邊無際太平洋	走出角落不孤單
左思想，右思量	識字班，姊妹班
出路（希望）在何方	讀書（識字）相聯伴
天茫茫，地茫茫	姊妹班，合作班
無親無故靠台郎	互信互愛相救難
月光光，心慌慌	合作班，連四方
故鄉在遠方	日久他鄉是故鄉

　　這首歌讓我有很多感觸，你可以看到她們剛來的時候那種排拒、思念與痛苦。但是實際上每一個移民都非常想要融入當地的社會，這是絕大多數移民普遍的心態。所以無論是學語言或生活方式，她們都有誘因跟動機，重點在我們這個社會給不給她們友善的環境跟機會。我相信要理解法律之前一定要瞭解背後的「情感」與「經驗」（而不只是抽象中立的「客觀秩序」），所以我認為要親自接觸才能有所收穫。

三、充斥歧視與排拒的移民法制

(一)入境團聚的歧視措施

　　接下來在第一個部分，我簡單介紹一下目前移民法制的一些問題。首先是從最頭端開始，即入境團聚。如果我是一個娶了「外籍配偶」的台灣男人，不管我的老婆在大陸或東南亞要來台灣，你會發現很多的歧視措施。例如，我們目前的實務見解實際上否定「團聚」是基本人權，表現在案例上也就是：政府說你老婆不能入國，因為政府認為她是共產黨員；可是如果你（台籍老公）知道政府搞錯了，她並不是共產黨，要提起行政爭訟挑戰政府的錯誤認定，那我們的行政機關（訴願）的回應是：「她不能進來，不干你的事，所以你根本不能提起爭訟」，所以是根本不讓你打官司；而法律上的理由是「老婆不准入國，是老婆的權利受損，老公並沒有『權利或法律上利益』受害」，因此不能提起行政爭訟——因為「無權利，則無救濟」[1]。依此，大陸配偶或外籍配偶，必

---

[1] 參見行政院訴願委員會院台訴字第 0930091695 號訴願決定（2004 年 12 月 2 日），引自 http://210.69.7.199/eyweb/hope03.asp?hopeeventid=3852；院台訴

須以自己名義起訴，主張「我的申請被拒絕」才會被接受；老公
卻不能以「我的家人無法團聚」或「我無法與配偶共同生活」為
由主張保護。我當時看到這些實務見解的感覺是非常震撼，因為
這些法律人完全沒有「家庭團聚權」的概念，所以認為你（台籍
老公）只有「事實上的利害關係」而沒有「法律上的利害關係」，
所以你根本沒有權利來提起爭訟！另外，「空泛的許可條件」和「羞
辱性的面談機制」是我要談的另一個問題。外籍移民最大宗的是
婚姻移民，而婚姻移民要接受面談。這就形同授權行政官員來審
查婚姻的效力，甚至婚姻的品質。許多人對這些跨國婚姻提出很
多質疑，有理與否姑且不論，但問題在於這是「婚姻」，適合讓行
政官員來決定它的效力跟品質嗎？如果是台灣人在國內，婚姻無
效要法院判決，但是為何行政官員可以用「違反公序良俗」等抽
象的條款不讓人進來？最近大陸配偶比較常碰到的問題是面談，
只要答詢錯誤就當你是假結婚。而面談另一個重要的瑕疵是沒有
「正當程序」的保障。境管局官員做的任何決定，沒有任何「事
前」或「事後」的制衡機制。簡單來講，如果你這個官員濫權、
疏失，我們也拿你沒辦法。但如果你認真的看待「家庭團聚權」，
這個大法官在釋字第二四二號解釋[2]所承認的權利，那麼相關的措

字 0940083927 訴願決定（2005 年 4 月 26 日），引自 http://210.69.7.199/eyweb/
　hope03.asp?hopeeventid=4782。

[2] 司法院大法官釋字第二四二號解釋，係於民國七十八年六月二十三日做
　成，其解釋文如下：
　中華民國七十四年六月三日修正公布前之民法親屬編，其第九百八十五條
　規定：「有配偶者，不得重婚」；第九百九十二條規定：「結婚違反第九百八
　十五條之規定者，利害關係人得向法院請求撤銷之。但在前婚姻關係消滅
　後，不得請求撤銷」，乃維持一夫一妻婚姻制度之社會秩序所必要，與憲法
　並無牴觸。惟國家遭遇重大變故，在夫妻隔離，相聚無期之情況下所發生
　之重婚事件，與一般重婚事件究有不同，對於此種有長期實際共同生活事
　實之後婚姻關係，仍得適用上開第九百九十三條之規定予以撤銷，嚴重影
　響其家庭生活及人倫關係，反足妨害社會秩序，就此而言，自與憲法第二
　十二條保障人民自由及權利之規定有所牴觸。

施就要很小心，即使我們退一步承認移民官可以檢查移民入境，但是婚姻這種事情只要人家證件齊全，你就應該推定有效，但我們實務上卻並非如此操作的。

(二)移民分等？——種族／階級歧視的「配額」

此外，我們在入境的門檻上面還有個制度叫配額，更重要的是它有「國別」和「地區」的差別待遇，換句話說，內政部有權去分配不同的國家、不同的地區每年來幾個[3]。在實務上，目前只有大陸配偶在執行[4]，但外籍配偶還沒有達到這個門檻，所以實際上尚無影響。但這裏的問題是：「家庭團聚」是否可以用「總量」來配額管制，而且可以分「國籍」和「地區」？拿美國的移民法來當參考，它也有總額限制，不過如果你是家庭團聚的話，你就不適用這個額度[5]；另外的問題是不應該區分國籍和地區，因為這樣等於移民可以分等，尤其在台灣有根深柢固的全球性的種族或區域的差序：白人、歐美國家，優於膚色較深的人以及「歐美先進國」以外的國家。坦白講我們必須承認，我們心裏覺得哪些國家比較高貴，其他的國家可能就成為這個配額的犧牲品。

在該號解釋的理由書中，大法官更明確指出「享有正常婚姻生活」與「當事人及其親屬之家庭生活及人倫關係」，是憲法第二十二條所保障的基本權利。

[3] 如：「入出國及移民法」第二十一條第二項（主管機關得衡酌國家利益，依國家、地區擬定前項每年在我國居留之配額，報請行政院核定後公告之）、第二十三條第七項（主管機關得衡酌國家利益，依國家、地區擬定第一項每年申請在我國永久居留之配額，報請行政院核定後公告之）；「台灣地區與大陸地區人民關係條例」第十六條第三項（大陸地區人民依前項第一款規定，每年申請在台灣地區定居之數額，得予限制）、第十七條第三款（大陸地區人民依第一項規定，每年申請在台灣地區居留之類別及數額，得予限制；其類別及數額，由行政院函請立法院同意後公告之）。

[4] 見「大陸地區人民在台灣地區居留數額表」。

[5] 8 U.S.C. §1151(b)(2)（美國公民包括配偶在內的近親申請入境與綠卡，不列入「總額限制」計算）。

(三)朝不保夕的居留地位

　　我認為外籍移民或配偶在台灣的地位之所以低落的一個很重要原因，是因為朝不保夕的居留地位，非常容易被驅逐出境。

　　首先，驅逐「事由」中，有很多是非常不公平的。例如，很多外籍或大陸配偶是因為觸犯法條中「從事與許可目的不符之活動」[6]而被趕走。可是「婚姻」到底有何特定的「許可目的」呢？像之前的大陸配偶在菜市場內的職業賭場涉嫌「聚賭」的事件，以一般法規來說頂多只是罰錢[7]而已；但是警方當天就以「從事與許可目的不符」為由而強制出境。請問婚姻移民的「許可目的」到底是什麼？只能來生孩子、養小孩嗎？這是有問題的。又如，罹患「足以妨害公共衛生」之傳染病，也構成驅逐出國的原因，但法律與執行者都沒有探究「誰傳染給他」的歸責問題——外國人來台灣，被台灣人（往往是台籍配偶）傳染梅毒甚或愛滋，結果卻是被感染者遭驅逐！此外還有許多諸如「國家安全」、「公共安全」、「善良風俗」等等驅逐或拒絕入境事由，都是沒有具體定義的標準的。

　　在「事由」外，整個驅逐出境的「程序」很有問題。它是非常單向、片面的，如果移民官濫權，沒有任何一個關卡可以制衡，不需要司法事先裁決，也無需舉行行政聽證程序，甚至不需要告知理由（因為不適用行政程序法）；而「事後」的司法審查（即行政爭訟）通常沒有太大意義，因為人都已經離開台灣了。這些都強化了境管局等單位嚴苛的措施，再加上警察單位的內規有「驅逐出境越多，獎金越多」的制度，但若失誤（驅逐出境決定有錯

---

[6] 「入出國及移民法」第二十七條，配上同法第三十四條第五款；「台灣地區與大陸地區人民關係條例」第十八條第一項第三款。

[7] 「社會秩序維護法」第八十四條，對此等行為的罰則是「處新台幣九千元以下罰鍰」而已。

誤、違法的情況）卻沒有罰則。所以從以上得知，警方裁量權過大，擁有幾乎不受任何控制，將人驅逐出境的裁量權。而當你居留地位朝不保夕，你就很難期待爭取權利，這是外籍配偶所碰到的問題，而外籍勞工的問題更大。

(四)未考慮被驅逐者處境

還有就是未考慮被驅逐者的處境，以婚姻移民者最嚴重：只要離了婚，又未取得中華民國的身分證或永久居留權，那就不會延長其居留權[8]。因此若是因為「家暴」而離婚，可以離婚但被趕走的卻是被害人；（台籍）老公通姦，新移民女性也可以離婚，但走的也是你自己。結果變成台籍配偶有很大的生殺大權，這問題是很嚴重的。美國之前因為太多假結婚，所以也修改了法律。本來是婚姻移民一到美國就有永久綠卡，但是後來修改成要有兩年的觀察，只給予附條件永久住民（conditional permanent resident）的身分。結果就發現，在這兩年間家暴特別多，所以他們後來又修法，明文規定在這兩年間若遭到虐待就當然取得永久綠卡[9]！但是我國並沒有考慮到這問題。而外籍勞工則是卡在雇主，因為不能轉換雇主，雇主怎樣虐待都必須忍耐[10]，而配偶是鎖在台籍配偶身上。

---

[8] 根據移民移住人權修法聯盟的伙伴們反映出來的意見以及訪談結果，似乎只有台北市警察局對於已離婚但尚未取得我國國籍的新移民女性，會同意延長、更新居留許可。

[9] 8 U.S.C. §§1154 (a)(1)(A)(iii)(bb), 1186a (c)(4). 有關此一「防家暴條款」的文獻討論，參閱 Lori Romeyn Sitowski, *Congress Giveth, Congress Taketh Away, Congress Fixeth Its Mistake? —Assessing the Potential Impact of the Battered Immigrant Women Protection Act of 2000*, 19 LAW & INEQ. 259 (2001); *Recent Development, Immigration Marriage Fraud Amendments of 1986: The Overlooked Immigration Bill*, 10 HARV. WOMEN'S L.J. 319, 323-24 (1987)。

[10] 參閱王宏仁、曾嬿芬、藍佩嘉，〈落跑外勞的鐐銬〉,《中國時報》,2006.3.27，A15 時論廣場。

(五)歸化前之其他不公

　　首先是大陸配偶工作權的問題。歸化前，就是還在居留期間，大陸配偶的工作權高度受限。或許有人說是為了保障台灣人的工作權，但是越南或其他國家來的配偶所受的限制卻沒有這麼多。大陸來的配偶若非法工作，就以「與許可目的不符」將其趕走。這造成很多問題發生。此外，有時候在適用一些福利或是救助的法規時，法律上並沒有國籍上的限制，但是實務上卻因為其是外國人而不讓其申請。像這樣的情況很多：法律上沒有分國籍，但實務上執行者卻認為其他國籍者不適用。另外像是「歸化障礙」，限制實在非常多，特別是考試的限制，連一般台灣人都很難通過這些考試──難道我們都沒資格當「台灣人」了嗎[11]？但是通常一般台灣人要是沒有親自去接觸過，總會認為限制是沒什麼大不了的事。我們很容易推給「美國也有」做為藉口。這是我們一貫的思考模式。但是台灣的差別在於：在台灣，你沒有那張身分證、沒有國籍，很多事情就不能做，甚至隨時可能被驅逐出境。就因為我們沒有把永久居留的保障做好，所以人家都急著要拿身分證。而內政部的想法很天真，要考語言才能拿身分證，那家裏就會讓她（外籍配偶）去學語言；但實際上卻是剛好相反：外籍配偶多半都很想學中文，但是不能出來學的有兩個原因：第一家裏不讓她學，怕她學了會變壞；第二就是家裏真的很窮，每天工作照顧小孩都沒時間了。所以對這兩種人來說，這種考試的要求只會讓她更難取得中華民國國籍，所以歸化對她們來說是很大的障礙。

---

[11] 參閱邱雅青，〈南洋姊妹們對國籍法的看法〉，收於夏曉鵑編，《不要叫我外籍新娘》，台北：左岸文化，2005，頁92以下；廖元豪，〈要活得像人，先通過「我們的考試」──外籍配偶考試及格才能入籍，台灣用法律宣示：你們不夠格〉，《聯合報》，2005.3.23，A15民意論壇。

(六)歸化後遭遇之歧視

歸化之後遭遇到的歧視，比較明顯的是（原籍）大陸地區的人民。例如，你可以投票選總統，但是你不能擔任清潔隊員，因為「兩岸人民關係條例」第二十一條[12]規定，大陸地區人民在台灣拿到身分證之後滿十年才能擔任公職。這時問題就出現了。若政府真的認為這個大陸人是共產黨或者有其他會危害台灣安全的原因，你就不應該給他國籍；但是你給他國籍（身分證）了，就不該再疑神疑鬼十年[13]。而社會歧視目前也是很嚴重的問題，也許因為種族、口音、外觀、出生地，而發生了很多歧視、羞辱，甚至來自官員的種族歧視與仇恨語言。其他還有就業、交易上的歧視也很多，更有很多其他非自覺、細緻的歧視，而我們的反歧視法在哪裏呢？目前並沒有比較完整的反歧視的機制，很多學者認為我們有憲法第七條就夠了，但是這麼一條空泛的法源就足夠保障到任何層面的情況嗎？這是非常有問題的。

---

[12] 編按：「台灣地區與大陸地區人民關係條例」第二十一條：（第一項）大陸地區人民經許可進入台灣地區者，除法律另有規定外，非在台灣地區設有戶籍滿十年，不得登記為公職候選人、擔任公教或公營事業機關（構）人員及組織政黨；非在台灣地區設有戶籍滿二十年，不得擔任情報機關（構）人員，或國防機關（構）之下列人員：一、志願役軍官、士官及士兵。二、義務役軍官及士官。三、文職、教職及國軍聘雇人員。（第二項）大陸地區人民經許可進入台灣地區設有戶籍者，得依法令規定擔任大學教職、學術研究機構研究人員或社會教育機構專業人員，不受前項在台灣地區設有戶籍滿十年之限制。（第三項）前項人員，不得擔任涉及國家安全或機密科技研究之職務。

[13] 有關此一條文的詳細批判，可參閱廖元豪，〈「海納百川」或「非我族類」的國家圖像？──檢討民國九十二年的「次等國民」憲法實務〉，《法治與現代行政法學：法治斌教授紀念論文集》，台北：元照，2004，頁279以下，頁301-304；陳靜慧，《限制原大陸地區人民出任公務人員合憲性之研究──以平等權為中心的觀察》，政大法研所碩士論文，2003。

(七)欠缺保障與培力之反歧視法

反歧視法（antidiscrimination law）所欲對抗的，往往不只是來自公部門的歧視，而是私人領域的歧視態度與措施。在傳統憲法「基本權利僅對抗國家行為」的理論下，是無法處理民間、社會歧視的。

除了在性別歧視的領域稍受重視外，「反歧視」在台灣似乎是個相當陌生的概念——無論對法律界或是社會大眾。反歧視其實是文化戰爭（culture war）！也就是說，每個歧視的人都認為這是我喜歡，我喜歡跟誰做朋友、做生意，我喜歡雇用什麼人，這是我自己的「偏好」，法律憑什麼管我？但反歧視法就是告訴你，有些偏好是非法、不當的，畢竟消除歧視是讓新移民在社會立足的基礎，唯有平等權和反歧視法可以讓她們有尊嚴地平等分享公共資源。就舉三十億基金[14]為例來講，這本身是個好意，但是許多外籍配偶一聽就不喜歡，因為當你特別去弄一套機制來給她們好處，這就好像她們是獨立、特惠的受益者，遠渡重洋來浪費台灣社會的資源。而事實上她們期待的只是一般性的社會福利、救助不要排擠她們就好。畢竟她們是權利主體，有權（entitled to）去拿到這些東西，而不是「受惠」。另一個例子是台北市教育局曾經統一規定，小學的所有外籍配偶的小孩在放學後都要留下來輔導，這就非常傷人。因為這預設了這些小孩都需要輔導，甚至會造成小孩跟母親之間的隔閡。因為小孩可能會認為是母親害他的。但若是把這個措施修改為「作業不到七十分的都需要輔導」，

---

[14] 編按：為強化照顧輔導超過三十三萬之外籍配偶及其所生之子女，協助外籍配偶適應我國社會生活及提升教養子女之能力，內政部自九十三年起依行政院院長游錫堃之指示，陸續進行「籌措專門照顧外籍配偶之基金」、籌設「外籍配偶照顧輔導基金管理委員會」，並規劃自九十四年起，以十年籌措三十億元把注在外籍配偶照顧輔導上。

那這樣就比較沒有污名化、標籤化的問題。

(八)冷漠無力（甚至助紂為虐？）的公法論述

我在公法領域曾試著去和一些前輩、大老對話，但是結果往往是冷漠的、無力的。我們目前的移民法制與實務完全不合乎公法所談的「基本權保障」的論述。但是你看教科書，看主流法界的「論述」，你會以為我們是一個基本人權保障非常充分的國家。但是公法界對這些移民能不能活下去的問題，卻毫不在意。移民法、國籍法等很苛刻的法條通過時，幾乎沒有什麼阻礙、質疑；在大陸配偶的面談措施上，粗暴的層面很嚴重，但是也沒有聽到什麼質疑；目前聽到移民法律上相關的分析論述，多半是警察大學的教授們寫的；少數司法實務與相關論述基本上還是站在「主權」大於「人權」的立場，有關比例原則（必要）與平等原則（合理）的違憲審查均輕騎過關。另一個問題就是形式、選擇性的比較外國法（外國也是這樣的！）。

(九)檢討

接下來我們談談台灣是個移民國家，為何舊移民要排斥新移民？為何不能體會到我們的祖先多半也是來自於中國東南方的「羅漢腳」。那些經濟生活比較不好的新移民跨海來台，來開創自己的生活，因此照理說，我們應該有很強的同理心才對；另外我們人權的論述這麼強應該很有用才對，但都沒用！到底發生了什麼問題呢？

四、主權大於人權──國族主義的幽靈

(一)人權疆界論──「普世」人權不敵「國族」意識

　　所以接下來我要探討的是「主權大於人權」，國族主義的幽靈是存在的。憲法教科書中主權的那一章談得很少，因為不知道怎麼談，不過人權談得很多。然而實際運作時，你會發現國族、主權的影響還是很大的，而抽象的普世人權的概念若沒有紮實的理論與社會基礎，根本敵不過國族主義論述的威力。像是我國憲法理論中「人權」、「國民權」、「公民權」的三分法概念，基本上就是推定了有些東西是保留給我們國民的，而且預設了政治、經濟、人性尊嚴是可以分開的。但是現實中可以這麼容易分別嗎？若你無法工作（經濟性人權），你會有尊嚴嗎？你沒有某種政治權力，你能保障你的尊嚴嗎？接下來另一個問題，就是沒有區分「何種外國人」。或許國家有權維護邊境，篩選外人入境，但「婚姻移民」應該另外來看待。最起碼，若你沒有好好對待「外籍新娘」，你也等於歧視在台灣的配偶。但我們的公法論述，卻不關切這一個非常基本的重點。

　　為什麼公法中的人權論述這麼無力呢？我的想法是，國族主義在人類歷史上一向是個非常有力的武器，非常足以動員群眾，甚至法律人也不由自主的受到影響或扭曲；再來就是論述者針對外人，自己沒有感受、體驗。

(二)形式、封閉、靜態之國民概念

　　我們對於國民（citizen）的定義其實是很靜態的，基本上你有

「國籍」還要加上「戶籍」才是台灣人，這樣你才會是人權的主體[15]。我們很習慣這樣來操作。那就會產生一個荒謬的現象：憲法第二條規定中華民國的主權屬於「國民全體」，可是誰是「國民」呢？這是憲法上最基本的問題，卻是由國籍法來規定，變成憲法的規範由法律來決定。而我們目前法律上的設計是：你必須是形式上有(1)國籍加上(2)戶籍，還要加上(3)你來得夠久，也就是說你是舊移民，才能享有最基本而完整的公民權利。因為你若是大陸來的又待不到十年，你不可能享有完整的公民權利。欠缺以上任何一項條件，幾乎就無法享有任何公民權利。

(三)新國族主義對全球化「去國家化」之反彈──新國族主義帶來的複雜情愫

我最近有一些想法，是新國族主義對全球化「去國家化」之反彈。因為我們近年來正致力於建立我們的國族主義。一方面我們希望得到國際的認同（所謂「國際」，通常只要「美國」的認同就占有百分之九十的分量）；而另一方面，我們又想對較落後的國家展現優越感，因此就對落後國家的人表現歧視。舉個例子，雖然都是「外國人」，但我們一般人對於東南亞的移民跟對白人的感覺是不是不太一樣？

(四)全球化 vs.新國族主義：焦慮的由來

為什麼全球化造成我們的焦慮呢？因為新國族主義強調「台灣主權」的至高無上；可是全球化冷酷地告訴我們：即使對於攸關台灣人民的重要事項，「台灣國家」也是無能為力的。

例如，第一，什麼事都得跟美國談（包括就職演說、兩岸政

---

[15] 見釋字第 558 號解釋。有關此一解釋與相關概念的批判，參閱廖元豪，前揭文，頁 296-301。

策），它要你做啥你就做啥，惹它不起，所以台灣主權比不上美國壓力；其他像是資本家、跨國公司也比你台灣主權大，也惹不起；所以國家主權想要去展現它的威嚴，展現不出來，最後找到了婚姻移民，也許這就成為一個宣洩的出口。因此這些新移民往往就成為滿足我們的優越感、填補我們的不安的最佳族群。

因為：第一個你是外國人，所以我們可以敵視你（只要不是「美國人」那種外國人就可以）；第二個你是異族，尤其你是膚色比我們深，所以我們看不起你；第三個你是女性，本來就是第二性，被人認為必須靠著婚姻來往上爬；第四個是下層階級——她們與台籍老公多半是中下階層的窮人，所以好欺負。因此新移民部分其實展現多層的歧視：性別、國籍、種族、階級。

五、對跨國移民／移住研究之陌生

(一)新移民／移住浪潮的全球成因

再來我想談的是，我們目前對於全球移民研究很陌生，法律圈內或是法律圈外都很陌生。國內有些學者已經開始去處理這些問題，但是還不夠多。在這方面我也不是專家，不過我想提出一些重點：最重要的是傳統移民研究中，對於移民成因主要是以單向的「推－拉理論」來解釋。簡單來說，就是有些國家比較窮、落後，所以有些人就想要去比較富有的國家發展。這會造成怎樣的法律論述我們等一下會談。但近年來新的分析已經顯示出，移民的出現並非是如此單向的，而是「雙向」的，是結構的「互動」，移民輸出國與輸入國往往會有經濟的關聯，譬如國家的跨國投資，就很像台灣跟大陸，或是跟越南，因此婚姻移民非常多；另

外也有政治跟軍事的問題，這大部分是以前的政治關聯，像美國在世界各地的駐軍很多，所以帶回很多各地的第二代。基本上全球化的分析所要談的是雙向互動[16]。簡單來說，移民會到這裏來並不單純是她們自己要來而已，一部分原因是你這個輸入國引誘來的，或是你有「需求」，所以她們過來。因此發生問題時，請不要把責任全都丟在她們身上。這部分很有趣，我不知道是否有人在刻意的忽略，我曾經跟政府內的研究人員談過這個問題，他們似乎都還在談推－拉理論，但是我跟社會學或其他領域的研究移民問題者（甚至包括碩博士生），他們絕對不可能只知道、引用推－拉理論，但是政府官員卻往往如此，僅僅引用落伍的推－拉理論。台灣方面目前研究比較深的是夏曉鵑[17]，大家有興趣可以去看她的書。

(二)台灣新移民／移工之全球化成因與影響

簡單來講，在全球化經濟體制下的台灣目前農村破產凋敝，這大家都很清楚，這一部分跟台灣要擠入全球化市場有關。農村人找不到台灣女人可以娶，台灣女人不想嫁到農村，台灣男人自己都不想待在農村；公共投資減少，全球化底下各國公共投資都減少了，因此照顧老人的責任都依賴個別家庭，照理說，台灣這樣一個老人化明顯的國家，應該去討論如何照顧公共化，可是政府似乎不太在意這個問題；另外台灣需要很多低成本、可剝削的勞動力，所以需要很多外勞。往國外看，東南亞國家他們的經濟

---

[16] 參閱 Sassen, S., *Globalization and Its Discontents: Essays on the New Mobility of People and Money*, New York: The New Press, 1998, pp.34-49。

[17] 編按：夏曉鵑博士，現任世新大學社會發展研究所副教授，其專長為：性別研究、族群關係、質性研究、實踐式研究，與本次演講相關之著述為《流離尋岸 —— 資本國際化下的「外籍新娘」現象》，台北：台灣社會研究雜誌社，2002，詳見 http://61.222.52.198/user/social/xoops/modules/tinyd1/teacher-cha.htm。

也在衰敗，某些地方特別是農村，很多人需要以跨國婚姻當作她們的出路；又像是台商跨國投資接觸女性，他利用外籍女性做一些事情，譬如當做投資的人頭以利投資的進行，也許本來是人頭，但後來就真的變成老婆[18]，以上這些很多是互動雙向的關係。

(三)欠缺跨國比較之視野──不知「移民國家」為何物

以公法學來看，常常是跨國比較比來比去，但是我覺得談到移民問題時就會發現，因為我們對移民國家那個「圖像」不瞭解，所以對衍生出來的制度也不太瞭解。我們基本上的學習典範如德國、日本，他們並沒有定義自己為移民國家，但是像瑞典、荷蘭、法國，他們定位自己是移民國家，雖然不見得就會對移民比較好，但是會有不同的思考模式[19]。所以我認為整個法律論述，尤其是公法、移民法，它其實很強的程度上是建立在你怎麼去想像這個國家，是 Open Republic 或 Exclusive (Exclusionary) Nation[20]。你怎麼想像這個國家，將影響你怎麼去制定移民政策跟法律，還有怎麼解釋現行法律跟憲法。我們都知道國家是想像出來的社群[21]，你「怎麼想像」它其實是個重點。我們台灣到底有沒有一個很清楚的圖像？我們的邊境是彈性開放的、還是嚴格閉守的[22]？目前來說，還沒看到有人嚴格思考這個問題，也許因為台灣是什麼國都不知

---

[18] 參閱龔宜君,〈跨國資本的性別政治：越南台商與在地女性的交換關係〉,《台灣社會研究季刊》, 第 55 期, 2004, 頁 101 以下。

[19] 關於國族想像與移民政策的關係, 參閱 Barbieri Jr., W. A., *Ethics of Citizenship: Immigration and Group Rights in Germany*, Duke University Press, 1998; Joppke, C., *Immigration and the Nation-State: The United States, Germany, and Great Britain*, Oxford University Press, 1999; Sassen, S., *Guests and Aliens*, The New Press, 1999。

[20] 參閱 Delbruck, J., "Global Migration-Immigration-Multiethnicity: Challenges to the Concept of the Nation-State," in IND. J. GLOBAL LEGAL STUD. 2, 1994, p.45。

[21] Anderson, B., *Imagined Communities*, Verso, rev. ed., 1991。

[22] 參閱 Johnson, K. R., "Open Borders?," in UCLA L. REV. 51, 2003, p.193.

道，但是我覺得這個點沒有弄清楚，後面很多論述可能會很混亂。

六、全球化對於移民人權憲法論述之可能影響

(一)去邊境化與去領域化──邊境不再絕對重要

全球化另外有一點現象是：去邊境化跟去領域化，可能會對一些憲法論述產生影響，例如說現在外籍人口其實是大幅的湧入，不同種族跟多元認同的人口在世界上或是台灣都漸漸居多，多重、雙重國籍其實是一個很普遍的現象[23]。這方面的討論很多，有些是用防堵，有些是用容忍。基本上在全球化的趨勢下，國界的重要性還在，但重要性已經不再絕對，因為跨國移居對很多人成為常態，像菲律賓，鼓勵國民出去當菲勞、菲傭，因為這是他們很重要的外匯來源；而多重認同也很正常，邊境不再絕對，國家越來越像公司，拋棄了也沒什麼了不起。

(二)國民身分的重新界定──形式國籍不再具有決定性

國民身分（citizenship）這個概念的重新界定，形式上的國籍是否那麼重要也可以討論。所謂的「公民身分」就是指這個國家的成員，我們是國家的頭家，但定義是一直在變動的，這個國家的圖像也是一直流動的，因此國籍有這麼重要嗎[24]？我的想法是，在今天這個環境下，每一個「利害關係人」──可能有國籍，可能沒有──都會受到國家政策的影響，只要你會受影響，你就應

---

[23] 參閱 Bosniak, L., "Multiple Nationality and the Postnational Transformation of Citizenship," in VA. J. INT'L L.42, 2002, p.979。

[24] 參閱 Bosniak, L., "Citizenship Denationalized," in IND. J. GLOBAL LEGAL STUD. 7, 2000, p.447。

該可以參與這個地區的決策跟社會生活，所以無論是否有公民身分，都應該有權參與公共領域，最基本的就是投票。但別說投票，其他的參與方式我們目前都是很排斥的。譬如像是外籍勞工為何不能取得永久居留？因為最多只能待六年，而我們的入出國移民法要取得永久居留的身分要連續待滿七年，這是當初立法時故意的，就是不願意讓其取得政治參與權。第二個例子是：外籍人士在中華民國境內，不管原來是何身分，只要是外國人參加集會遊行就有可能被驅逐出境[25]，這種執法跟解釋的前提是，預設外國人不能參與各種政治活動。

　　形式國籍不應再具有決定性，這裏我們提到：國籍是憲法的問題，所以不能用國籍法倒回來去界定國籍；成員的地位不當然等於形式的國籍，意思就是說即使沒有國籍，也有可能是台灣的一分子[26]。譬如說外籍配偶，在這邊生活工作而且立志要永久生活在這裏，那為何不給予相等或近似公民的保障呢？所以外國人可能跟台灣人有非常密切的關係；邊境管制是很重要，不過你只要踏入國界，在台灣的土地上就應該受到相當程度的保護。所以我認為除了跟邊境管制和形式國民身分有絕對必要關係的事項（譬如參選總統？），外人均應擁有平等公民身分的保障，所以我認為圖應該是這樣畫的（見下頁圖）：形式上的國民享有完整絕對的平等公民權利，最外面一圈的「純粹外人」，可能我不給予任何政治上的權利，但是中間地區，我們姑且稱為「實質上的國民」，應該受到接近國民的保障。誰是「實質國民」呢？也許你人在台灣，也許你是我們國民的親屬，也許你和其他人有密切的關係，這些都應該要有不同的方法去對待，而不是輕易用「外人」、「國人」

---

[25]　因為被認定是「從事與許可目的不符」之活動。

[26]　類似見解，見 Karst, K. L., "Foreword: Equal Citizenship under the Fourteenth Amendment," in HARV. L. REV. 91, 1977, pp.45-46。

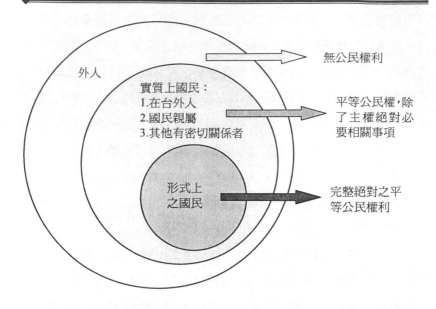

二分法的規定就結束了。

(三)移民現象之全球化成因──誰需要移民？

接著，移民現象的全球化成因──誰需要移民？基本上我們相信移民這個現象是結構的、雙向的，而不是自願的、單向的，所以不應該「歸責」於個別的移民，我們社會有這種傾向，就是你是來剝奪我們的資源，或是我們需要你，所以你是來滿足我們的需求，若我們沒有需求則他們不會來。所以在法律上，基本的事實基礎應該是：這些移入者不是來掠奪的，他是有貢獻的，也許是文化上的貢獻，經濟上他們也有貢獻，社會上的貢獻也有，像有研究顯示說外傭來台灣，解放了很多台灣的家庭婦女，所以他們是有貢獻的，因為有貢獻，所以不是入侵者[27]。

---

[27] 如：林津如，〈「外傭政策」與女人之戰：女性主義策略再思考〉，《台灣社會研究季刊》，第 39 期，2000，頁 93 以下。

(四)公私分界之模糊

很多的研究指出，全球化造成公跟私界限的模糊，因為在全球化的經濟壓力下，本來很多政府的功能現在都讓私部門去執行[28]。而憲法上有個概念叫「國家行為」（state action）。在此理論下，憲法（包括其中的基本權利規定）基本上只拘束國家。但是因為公跟私越來越矛盾，譬如 BOT[29]到底算不算國家行為，是很難釐清的，因此國家行為很難界定。若只靠傳統憲法第七條去解決平等問題就過於簡單了，所以我們現在開始要去處理私領域的種族主義，那麼這方面政府只是「中立」是不足的，因為中立只是維持現狀，應該要積極介入（如：反歧視法）。再來，社會領域的培力（empowerment）就益發重要，在社會領域，讓他們可以工作、自力更生，不要遭到歧視是很重要的，所以我們憲法增修條文第十條賦予國家的積極行動力，它的重要性應會越來越高。

(五)全球化經濟競爭——經濟底層之更加弱勢

在全球化經濟競爭下，經濟底層會越來越弱勢[30]。這是很多人都耳熟能詳的論述。所以經濟發展模式造成台灣農業衰退，農村破敗，男性找不到老婆，邊陲國家的女性藉由婚姻來擺脫貧窮，而政府越來越不想去做福利或是追求公義，它只是越來越想去投資，所以往往無法期待政府去照顧弱勢，越是地方層級的政府越難去抵抗全球化，它只能期待處理當地的問題，這時候全國性的

---

[28] 參見例如 Aman Jr., A. C., *Democracy Deficit: Taming Globalization Through Law Reform*, New York: New York University Press, 2004。

[29]編按：Build-Operate-Transfer（簡稱 BOT），為近年來政府興建公共建設的熱門方式之一，意指政府規劃的工程交由民間投資興建並經營一段時間後，再由政府回收經營。

[30] 參見 Dicken, P., *Global Shift: Transforming the World Economy*, 3rd. ed., London: Paul Chapman Publishing, 1999, pp.433-436。

最低人權標準可能會越來越重要。

(六)全球化文化衝擊──沙拉盅、大熔爐,還是族裔中心論?

接著我們來談文化上的衝擊,我們到底要選擇當個怎樣的國家?第一種是種族中心論:台灣只有一種種族,其他非我族類都拒絕接受。第二,是大熔爐國家:各種種族都能進來融合在一起,但是你要放棄你原來的認同和文化,轉而認同這個新國家、新文化。第三種是沙拉盅,或是叫馬賽克:就是沒有完全熔在一起。各種文化並列,是彩色的,也有它漂亮的一面。這些模型要怎麼選擇[31]?各種文化進來衝擊之下,政府因應多樣化、多元化環境的能力就受到考驗,會碰到文化的戰爭:是要文化個人主義,還是多元文化主義?大熔爐還是馬賽克?我的看法是多元文化將是無法避免,我們應該重新思考台灣人到底是什麼?是單一的圖像,還是可以是複雜多元的圖像,因此回到法律上,「促進多元文化」應該是很重要的公法價值[32]。一味的要求融合或是同化式的融合會有問題,像美國許多進步論者現在的論述就是,我要求你認同這個社會,但是不要求你被吸入、完全消失[33]。促進多元文化這點在荷蘭、瑞典等國的經驗是很值得參考的。

---

[31] Joppke, C. & Morawska, E.(eds.), *Toward Assimilation and Citizenship: Immigration in Liberal Nation-States*, Palgrave: Macmillan, 2003.

[32] Kymlicka, W., *Multicultural Citizenship: A Liberal Theory of Minority Rights*, New York: Oxford University, 1995.

[33] Pickus, N. M. J. (ed.), *Immigration & Citizenship in the 21st Century*, Lanham: Rowman & Littlefield Publishers, 1998.

(七)本土主義的崛起與去正當化──台灣人的驕傲……What Kind?

　　「本土主義」（Nativism），其實是一種排外式的種族主義[34]，在台灣有崛起的趨勢，我們也應該慢慢去把它正當化，因為我們台灣人是有台灣人的驕傲、自尊，我們要建立自己的國族，這是個重點，我們要當哪一種台灣人？要成立什麼樣的國？所以新國族主義的崛起確實有本土化、主權獨立的趨勢，但是我們不認為國族主義就一定要走向本土主義，因此我們應該思考我們是誰？要開放寬容還是封閉排斥？要多元流動還是一元僵化？我思考這個問題時，曾跟一些學者討論，當時我的想法是，任何想去挑戰台灣新國族主義意識的努力終將失敗，所以我們要承認這個前提，台灣在追求自己的主體性，但是我們可以自命要成立一個偉大的國族，一個有自尊的國族，而這個國族是很開放、心胸寬大的；換句話說，我承認正在建立一個台灣國族，但這個國族是心胸寬大的。這樣也許是一個比較好的策略。建立一個比較健康的國族論述，然後它會去影響我們法律的論述，我認為相較起「堅持普世人權，貶抑國族與主權」的途徑來說，這是比較可行的路。

---

[34] 參見 Feagin, Joe R., Old Poison in New Bottles: The Deep Roots of Modern Nativism, *in* Perea, J. F. (ed.), *Immigrations Out! The New Nativism and the Anti-Immigrat Impulse in the United States*, New York: New York University Press, 1997。

七、從排拒到涵納──建構更具全球化眼光的移民法論述

　　我們很多社運團體、移民工作者目前有個草案放在立法院[35]，希望可以把最苛刻的規定取消掉，譬如婚姻移民不受配額跟財力的限制，縮短永久居留的等待年限，讓移工可以免於被壓榨；居留應作為一種權利，因此驅逐的事由應該做限縮，考慮到被驅逐者是否有些不利的狀況，不要輕易把人驅逐出境，應該要有正當權利的保障，積極的保障方面，本來是要反移民署，但後來發現不可行，所以我們提倡把「移民管理法」改為「移民權利保障法」。裏面並且制訂一些罰則，像是禁止各方面的歧視，有比較完整的申訴、執法的機制；最後就是增設難民庇護的制度。這是初步的一些嘗試，希望能在法律的論述中做一些工作。我認為真正去參與一些活動時會有一些獲得，讓你重新去反省、思考，這是很多法律人所欠缺的。

參考文獻

王宏仁、曾嬿芬、藍佩嘉，〈落跑外勞的鐐銬〉，《中國時報》，
　　2006.3.27，A15 時論廣場。

---

[35] 立法院議案參考資料，《審查本院委員徐中雄等六十四人擬具入出國及移民法修正草案、行政院函請審議入出國及移民法修正草案、本院委員蕭美琴等四十三人擬具入出國及移民法修正草案》，內議第 008 號，內政及民族委員會編印（2006.3.2）。

林津如，〈「外傭政策」與女人之戰：女性主義策略再思考〉，《台灣社會研究季刊》，第 39 期，2000。

夏曉鵑，《流離尋岸：資本國際化下的「外籍新娘」現象》，台北：台灣社會研究雜誌社，2002。

夏曉鵑編，《不要叫我外籍新娘》，台北：左岸文化，2005。

陳靜慧，《限制原大陸地區人民出任公務人員合憲性之研究——以平等權為中心的觀察》，政大法研所碩士論文，2003。

廖元豪，〈要活得像人，先通過「我們的考試」——外籍配偶考試及格才能入籍，台灣用法律宣示：你們不夠格〉，《聯合報》，2005.3.23，A15 民意論壇。

廖元豪，〈「海納百川」或「非我族類」的國家圖像？——檢討民國九十二年的「次等國民」憲法實務〉，《法治與現代行政法學：法治斌教授紀念論文集》，台北：元照，2004，頁 301-304。

龔宜君，〈跨國資本的性別政治：越南台商與在地女性的交換關係〉，《台灣社會研究季刊》，第 55 期，2004，頁 101-140。

Aman Jr., A. C., *Democracy Deficit: Taming Globalization Through Law Reform*, New York: New York University Press, 2004.

Anderson, B., *Imagined Communities,* Verso, rev. ed., 1991.

Barbieri, Jr., W. A., *Ethics of Citizenship: Immigration and Group Rights in Germany,* Durham: Duke University Press, 1998.

Bosniak, L., "Citizenship Denationalized," in IND. J. GLOBAL LEGAL STUD. 7, 2000.

Bosniak, L., "Multiple Nationality and the Postnational Transformation of Citizenship," in VA. J. INT'L L.42, 2002.

Brysk, A. & Shafir, G. (eds.), *People Out of Place: Globalization, Human Rights, and the Citizenship Gap*, New York: Routledge, 2004.

Castles, S. & Davidson, A., *Citizenship and Migration: Globalization and the Politics of Belonging*, New York: Routledge, 2000.

Delbruck, J., "Global Migration-Immigration-Multiethnicity: Challenges to the Concept of the Nation-State," in Ind. J. Global Stud. 2, 1994.

Dicken, P., *Global Shift: Transforming the World Economy*, 3rd. ed., London: Paul Champman Publishing, 1999.

Graham, H. D., *Collision Course: The Strange Convergence of Affirmative Action and Immigration Policy in America*, Oxford University Press, 2002.

Hardt, M. & Negri, A., *Empire*, Harvard University Press, 2000.

Hing, B. O., *Defining America through Immigration Policy*, Temple University Press, 2004.

Johnson, K. R., "Open Borders?," in UCLA L. REV. 51, 2003.

Johnson, K. R., *The "Huddled Masses" Myth: Immigration and Civil Rights*, Temple University Press, 2004.

Joppke, C., *Immigration and the Nation-State: The United States, Germany, and Great Britain*, Oxford University Press, 1999.

Joppke, C. & Morawska, E.(eds.), *Toward Assimilation and Citizenship: Immigration in Liberal Nation-States*, Palgrave: Macmillan, 2003.

Karst, K. L., "Foreword: Equal Citizenship under the Fourteenth Amendment," in HARV. L. REV. 91, 1977.

Karst, K. L., *Belonging to America: Equal Citizenship and the Constitution*, Yale University Press, 1989.

Kymlicka, W., *Multicultural Citizenship: A Liberal Theory of Minority Rights*, Oxford University, 1995.

Matsuda, M. J. et al., *Words that Wound: Critical Race Theory, Assaultive Speech, and the First Amendment*, Westview Press, 1993.

Perea, J. F. (ed.), *Immigrations Out! The New Nativism and the Anti-Immigrat Impulse in the United States*, New York University Press, 1997.

Pickus, N. M. J. (ed.), *Immigration & Citizenship in the 21st Century*, Rowman & Littlefield Publishers, 1998.

Romero, V. C., *Alienated: Immigrant Rights, the Constitution, and Equality in America*, New York University Press, 2005.

Sassen, S., *Guests and Aliens*, The New Press, 1999.

Sassen, S., *Globalization and Its Discontents: Essays on the New Mobility of People and Money*, The New Press, 1998.

Soysal, Y. N., *Limits of Citizenship: Migrants and Postnational Membership in Europe*, The University of Chicago Press, 1994.

Went, R., *Globalization: Neoliberal Challenge, Radical Responses*, Pluto Press, 2000.

Wu, F. H., *Yellow: Race in America Beyond Black and White*, Basic Books, 2002.

第五章

法與分析哲學

——法概念與語意學之刺*

王鵬翔

學歷：德國基爾大學法學博士

現職：中央研究院法律學研究所籌備處助研究員

研究專長：法理學、基本權理論

演講日期：2005 年 11 月 16 日

* 感謝林執中先生對本文之校對與建議。又，本文基本上係筆
  者於台大國發所演講準備之講稿，其中若干想法未盡成熟，
  仍有待修改或進一步發展，並非嚴格之學術論文，請讀者暫
  勿引用。

一、前言

　　這次演講的主題「法與分析哲學」可以有兩種解釋方式。第一種解讀方式是「法律與分析哲學」（Law and Analytical Philosophy），第二種解讀方式則是「法哲學與分析哲學」（Legal Philosophy and Analytical Philosophy）。這兩種解讀方式都適合今天的演講，因為今天我將嘗試運用分析哲學的方法來解析「法律」這個概念，或者說，將運用分析哲學的方法來思考法哲學的核心問題。在這次演講中，我將不會泛泛而談何謂「分析哲學」或者像是「分析哲學對法哲學的影響」這種一般性的介紹，以下我只先點出，分析哲學的問題意識，然後就直接進入法哲學的問題。

　　從哲學史的角度來看，西方哲學的問題意識經歷了兩次的轉向。最早的哲學家追問的是個形上學的問題：「什麼是事物的本質？」在認識論的轉向（以 R. Descartes 和 I. Kant 為代表）之後，哲學的問題轉變成為：「我是否能夠認識事物？我如何可能認識事物？（我如何可能獲得關於事物的知識？）」但我們對於事物的認識仍然要由語言來表達，因此到了二十世紀，又有了一個語言學的轉向，也就是轉而追問：「我如何能夠用語言來指涉事物？」語言和事物之間的關係——更精確地說，語言的意義（meaning）和指稱（reference）之間的關係——就成了分析哲學所關心的問題。因此，分析哲學往往又被稱為「語言哲學」（linguistic philosophy, philosophy of language），「語言分析」或「概念分析」就成了分析哲學的主要方法。何謂「語言分析」或「概念分析」，在此先姑且不論。我們先從法哲學或法理學的根本問題開始談起。

二、導論：法理論的兩種思考方式

　　「什麼是法律？」（What is law?）是法哲學的核心問題，一個試圖說明「法律是什麼」的理論，我們稱之為「法之理論」（a theory of law），或者就簡稱為「法理論」[1]。關於「什麼是法律？」這個問題，至少有兩種思考方式。第一種可稱之為形上學式（metaphysic）的思考方式，也就是直接去追問「法律的本質是什麼？」（What is the nature of law?）。按照這種思考方式，法理論的任務在於說明法律的本質或性質。第二種思考方式則可稱之為概念分析式（conceptual analysis）的思考方式。這種思考方式不直接追問法律的本質為何，而是去探討「法律的概念是什麼？」（What is the concept of law?）或者「『法律』這個字的意義是什麼？」（What is the meaning of the word "law"?），按照概念分析式的思考方式，法理論的主要任務就在於分析「法律」的意義或用法，「法律是什麼？」因而從一個形上學的問題轉化為一個語意學的問題。概念分析式的思考方式，其背後的基本想法是：一個字詞的意義（meaning）決定了它的指稱（reference），亦即這個字詞所指涉的對象。我們運用概念來思考和談論事物，如果我們能夠更清楚地掌握我們所使用的概念是什麼，那麼我們對於所要研究的事物的性質就會有更好的理解。因此，探討「法律」這個字的意義，其實就是試圖去回答「法律是什麼？」這個問題。一旦我們掌握了法律的概念，那麼我們也就能夠知道「法律」這個字所指稱的對象，從而也就能夠認識法律是什麼。在這個思考脈絡之下，對於

---

[1] 此處的「法理論」指的是一套由說明法律是什麼的命題所組成的體系，而與學科名稱"Legal Theory"有所區別。

「法律是什麼」的爭議，似乎就成為一種概念上的爭議，典型的
例子就是關於法實證主義的爭論，法實證主義的分離命題
（separation thesis）主張「法律和道德沒有概念上的必然聯結」，
而反實證主義者則認為「法律的概念必然包含了道德的要素」[2]。
然而，這是否即意味著，對於法概念的爭議就純粹是個語意上的
爭議呢？

三、法之語意學理論與 Dworkin 的批評

概念分析式的法理論受到了 Dworkin 的強烈批評，Dworkin
將其稱之為「法之語意學理論」（semantic theories of law），並且提
出了所謂的「語意學之刺」（the semantic sting）論證指出法之語意
學理論所陷入的困境。按照 Dworkin 的看法，法之語意學理論主
張，當我們在使用「法律」這個字詞時，我們共同遵循著某個語
意規則，這個規則確定了「法律」這個字詞的意義或使用方式，
同時也構成了判斷法律命題是否為真的標準。簡單來說，就是「法
律」這個字的意義取決於特定的成規性判準（conventional
criteria），我們可以透過這套判準來鑑別（identify）什麼是法律。
然而，當我們日常在使用「法律」這個字詞時，不一定會意識到
我們其實擁有並且遵循一套語意規則或判準，也未必能清楚將它
表達出來，而法理論的任務即在於描述或闡明在使用「法律」這
個字詞時所共同遵循的語意規則或判準[3]。

---

[2] Alexy, R., *Begriff und Geltung des Rechts*, Freiburg/München: Alber Verlag, 1994, S.15ff.

[3] Dworkin, R., *Law's Empire*, Cambridge(Mass.): Harvard University Press, 1986, p.31ff.

　　Dworkin 將法實證主義——特別是以 H. L. A. Hart 為代表的法實證主義——當作是一種法之語意學理論。作為一種語意學理論，法實證主義是建立在下面這兩個基礎之上：(1)意義的判準模式（criterial model of meaning）；(2)成規主義（conventionalism）。

　　所謂判準模式，指的是「法律」這個字的意義是由一組特徵 $C_1,..,C_n$ 所確定，這組特徵通常被稱作是「法律」的概念，並且構成了鑑別什麼是法律的判準：「x 是法律，當（且僅當）x 滿足了 $C_1,..,C_n$」。舉例而言，如果我們認為「法律」這個字的意義指的是「憲法的規定(1)或者由憲法所授權的立法者所制定的規範(2)」，那麼道路交通管理處罰條例第五十條的規定：「汽車駕駛人，行經有燈光號誌管制之交岔路口闖紅燈者，應處以新臺幣一千八百元以上五千四百元以下罰鍰」之所以是法律，是因為這條規定係由立法院所制定，滿足了(2)這個判準。Hart 的承認規則（Rule of Recognition），就是鑑別法律的判準的典型例子。所謂的成規主義，指的是鑑別法律的判準乃是一種社會成規（social convention）：為什麼某些特徵會被當作是鑑別法律的判準，純粹是個約定俗成的問題。例如 Hart 的承認規則本身就是一種社會成規，Hart 曾明白指出承認規則的存在是個「社會事實」（a matter of social fact），這個事實展現在承認規則被社會成員——特別是法院及政府官員——所接受並被援用以鑑別法律的實踐活動中[4]。從語意的判準模式和成規主義，可以得到一個結論：「法律」這個字所指稱的對象是什麼，乃是由一套成規性的判準所決定的。就如 Marmor 所說的："Law…is basically identified by the conventional practices (or Rules of Recognition) which constitute the sources of law."[5]

---

[4] Hart, H. L. A., *The Concept of Law*, 2nd ed., Oxford: Clarendon Press, 1994, p.110.

[5] Marmor, A., "An Essay on the Objectivity of Law," in Brian Bix(ed.), *Analyzing*

上面這個結論和法實證主義者對於法律客觀性的兩個看法直接相關：(1)法律的客觀性建立在鑑別法律的判準為社會成員（或至少是法律人和政府官員）所共同接受之上。既然社會成員有一套共同接受的標準來判斷什麼是法律，那麼「法律是什麼？」這個問題就有一個客觀的答案。我們可以說，按照法實證主義的看法，法律的客觀性乃是一種建立在共同接受上的客觀性，或一種奠基於成規之上的客觀性（objectivity based on convention）。這種奠基於成規之上的客觀性會導致一個結果；(2)在鑑別「法律」的指稱這個問題上，不可能會有集體的錯誤（collective error）。既然「法律」這個約定俗成的概念，也就是說「法律」這個字的意義和指稱是由社會成規所決定，那麼我們一致認為法律是什麼，法律就是什麼，不可能發生「我們認為是法律的東西，實際上卻不是法律」的狀況，Marmor 清楚地表達了這種看法："If a given concept is constituted by social conventions, it is impossible for the pertinent community to misidentify its reference."[6] "Law is, *ipso facto*, what a community of lawyers and judges *thinks that it is*."[7]

對於上述主張，Dworkin 批評的出發點在於，作為一種語意學理論，法實證主義無法妥當地說明，為什麼「法律」始終是個有爭議的概念。Dworkin 認為，對於「法律是什麼？」這個問題的爭議可以分為兩種，第一種 Dworkin 稱之為經驗性的爭議（empirical disagreement），也就是對於鑑別法律的判準實際上是否被滿足的爭議。Dworkin 認為，由於法實證主義將此一判準連結於某種歷史事實（例如國會是否曾經制定或通過了某項法案），因此經驗性的爭

Law: New Essays in Legal Theory, Oxford: Clarendon Press, 1998, p.13.

[6] Marmor, A., "An Essay on the Objectivity of Law," in Brian Bix(ed.), *Analyzing Law: New Essays in Legal Theory*, Oxford: Clarendon Press, 1998, p.11.

[7] Marmor, A., *Interpretation and Legal Theory*, 2nd ed., Oxford/Portland: Hart Publishing, p.7.

議往往就是對於這些歷史事實實際上是否曾經發生過的爭議。第二種則是理論性的爭議（theoretical disagreement），Dworkin 有時稱之為「真正的爭議」（genuine disagreement）。當我們對於「法律是什麼？」進行爭論時，往往不是在爭論某個既定的鑑別法律的判準實際上是不是滿足；相反的，這個判準實際上已經滿足了，對此可能根本沒有爭議，我們所爭論的毋寧是：是不是根據這個判準就真的能夠判斷法律是什麼？會不會有某些應該被歸屬於「法律」的事物，無法透過這個判準鑑別出來？或者某些滿足了這個判準的事物，其實並不能被稱作是「法律」？易言之，理論性的爭議是對於鑑別法律的判準本身妥當與否的爭議。

　　Dworkin 認為，法實證主義者之所以堅持判準模式和成規主義，乃是因為他們相信，如果我們在使用「法律」這個字時所遵循的是不同的語意規則，那麼「法律」這個字就會有不同的意義，我們在爭論法律是什麼時，其實是在指稱不同的事物。倘若如此，則我們對於法概念的爭議將全無交集，各說各話，不可能進行有意義的爭論。借用 Dworkin 的例子，這就好像當兩個人在對"There are many banks in North America"這個命題進行爭論時，對於"bank"這個字，一個人腦子裏想的是銀行，另外一個人想的則是河岸一樣。因此，法實證主義認為，對於「法律是什麼？」這個問題的爭論若要有意義，我們就必須擁有一套關於「法律」的語意規則或判準；然而，這樣的爭論也只能是一種經驗上的爭議（對於語意規則或判準實際上是否滿足的爭議），而不可能是理論上的爭議（對於判準的妥當性或正確性的爭議）。Dworkin 將法實證主義的這種想法稱之「語意學之刺」[8]。

　　語意學之刺帶來的困境，在於它使得法實證主義者陷於一種

---

[8] Dworkin, R., *Law's Empire*, Cambridge(Mass.): Harvard University Press, 1986, p.43ff.

兩難。一方面,如果採取奠基於成規之上的客觀性,就無法融貫地說明法概念為何具有理論的爭議性。因為理論性爭議的焦點就在於挑戰成規性判準本身的妥當性或正確性。進行理論性爭議的前提在於,放棄了某一個共同接受的判準存在,而必須容認有多個彼此互相競爭的法之理論(rival theories of law),它們對於「法律是什麼」各自提出了不同的看法。另一方面,如果法實證主義願意放棄成規主義而接受法概念的爭議性,那麼它的另一個語意學預設,也就是判準模式,將導致客觀性的喪失。法實證主義者或許會認為,在理論性爭議當中,不同的法之理論對於「法律是什麼?」提出了迥異的看法,其實不過就是對「法律」提出了不同的語意判準。但既然字詞的意義決定了指涉的對象,而意義又是由判準所決定的,那麼互相競爭的法理論提出了不同的判準,就導致了「法律」這個字眼在不同的理論脈絡底下會指稱不同的對象。因此,判準模式導致了「法律」指稱的理論相對性(theoretical relativity of the reference of "law")。再者,在理論性爭議的過程中,原有的判準可能會被認為不妥當或不正確,因而被修正或甚至被新的判準所取代。但在判準模式之下,判準一旦改變,「法律」這個字的意義或指稱也就隨之改變,這導致了法理論(先後)之間的不可共量性(incommensurability of rival theories of law),這也就是為什麼法實證主義者總會認為,理論性的爭議其實不是對於「法律是什麼?」的爭議,而是一個「修補」(repair)的問題,亦即是一個關於「法律應該是什麼?」的爭議。簡單來說,法實證主義的語意學理論所面臨的,是爭議性與客觀性之間的兩難,如果要說明理論上的爭議性,就必須採取某種相對主義的立場,而放棄法律的客觀性;反之,如果要維護法律的客觀性,就只能求助於成規主義,從而無法說明理論上的爭議性。

四、法理論的另類語意學架構——Kripke-Putnam 語意學在法概念論上的應用

　　法實證主義在語意學上的困境，正是這裏所感到興趣的問題：法概念的爭議性與法律的客觀性是否能夠並存？一個有爭議的概念，是不是就無法客觀地回答它所指涉的對象是什麼？儘管 Dworkin 猛烈批評法之語意學理論，但這並不代表對於法律的概念進行語意分析是完全不可行的。如前所述，法實證主義之所以遭遇到爭議性與客觀性之間的兩難，其根源在於其語意學上的預設，然而對於「法律」進行語意分析，未必就要採取法實證主義式的語意學。以下我將借用 Kripke 與 Putnam 在語言哲學上的一些成果（以下簡稱 K-P 語意學）來指出判準模式和成規主義的錯誤，並用以解決理論性的爭議與法律的客觀性彼此是否可以相容的問題[9]。這個另類的語意學架構在許多方面都可以看作是對 Dworkin 自己所提出的法之詮釋理論（interpretive theory of law）的補強。

(一)K-P 語意學：以「金子」為例

　　K-P 語意學原本所要處理的是自然類詞項（natural kind terms）——例如「金」、「水」、「老虎」等等——的意義問題。K-P 語意學

---

[9] Kripke, S. A., *Naming and Necessity*, Cambridge(Mass.): Harvard University Press, 1980(1972); Putnam, H., "The Meaning of Meaning," in Putnam, *Mind, Language and Reality*, Cambridge: Cambridge University Press, 1975. 關於 K-P 語意學在法哲學上的應用，見 Moore, M., "A Natural Law Theory of Interpretation," in *Southern California Law Review*, 58, 1985; Brink, D., "Legal Theory, Legal Interpretation, and Judicial Review," in *Philosophy and Public Affairs*, 17, 1988, pp.105-148; Stavropoulos, N., *Objectivity in Law*, Oxford: Clarendon Press, 1996.

並不否認，在日常的語言使用當中，的確會有一些特徵聯結於「金」、「水」、「老虎」這些字詞，例如「金子是一種黃色、閃閃發光的金屬」，這些特徵構成了我們平常用來判斷某個東西是不是金子的標準，或者被當作是「金」的語意規則。的確，「黃色閃閃發光的金屬」構成了鑑別某物是否為金子的成規性判準，甚至被當作是「金」的概念或意義，但它的功能僅僅在於指出，社會成員習以為常所認為的，屬於金子的事物會具備的典型特徵。簡單來講，它描述了社會成員對於金子的刻板印象（stereotype）。「金」的成規性判準指出了金子的典範（paradigms）所具有的特徵，然而，它並不能用來確定（fix）「金」這個字的指稱。有些礦物，儘管具備了上述特徵，實際上並不是金子，例如所謂的愚人金（黃鐵礦）；我們也可以假設，金子之所以呈現黃色，實際上是由於空氣中的某種性質導致了光學上的錯覺，一旦這種性質消失了，金子或許會呈現藍色。倘若如此，我們也不能說，以前我們認為是金子的東西不再是金子或者金子消失不存在了，而只會說，我們之前對於金子的色彩在認識上有錯誤（實際上，純金看起來確實是近乎白色的）。因此，上面這個成規性判準所提供的，既不是判斷某個事物是否為金子的充分條件，也不是必要條件，而頂多是一種可反駁（defeasible）的充分或必要條件。成規性判準所表達的，只是社會成員有關於金子的信念，但一個東西是不是金子，並不是由我們的信念所決定的；按照 K-P 語意學的看法，我們的語言實踐用「金」這個字來指稱金子這個自然類，但決定一個東西是不是金子的關鍵，不在於它是否滿足聯結於「金」這個字的成規性判準，而在於它是否和金子的典型事例具有相同的自然性質，亦即金子的微觀物理結構：原子序 79 的元素。這種內部的分子結構可以被看作是金子的本質屬性（essential property），一個事物，不論它表面上看起來多麼像金子，只要它不是原子序 79 的元

素（不具備金的本質）所組成的，就不能被稱作是「金」；反之，只要是原子序 79 的元素，儘管它不具有刻板印象的特徵，也必然是金子（因為具有金的本質）。K-P 語意學的核心主張可以總結如下：字詞的指稱不是由一套成規性判準所決定，而是取決於關於世界的事實（facts about the world）（例如事物的自然性質），部分地亦取決於語言使用的社會實踐（如 Kripke 的歷史因果鏈或者 Putnam 的 indexicality，在此暫時不對這點做進一步說明）。

　　決定一個事物是否為「金」這個字所指稱的對象，其關鍵既然在於金子所具有的自然性質，因此，在回答「金子是什麼？」這個問題時，我們不可能局限於描述成規性判準所包括的表面特徵，而必須涉及某些實質性的理論考量（substantive theoretical considerations）。所謂實質性的理論考量，以金子為例，就是一套能對黃金的本質屬性做出最佳解釋（the best explanation）的物理或化學理論，它不僅要能夠說明，為什麼金子會具有諸如「黃色」、「閃閃發光」等特性，還要能夠解釋，為什麼有些東西，雖然也具有這些表面特徵，但實際上卻不是金子。現有的物理或化學理論可以達到這些要求，相較之下，聯結於「金」這個字的成規性判準可以被看作是一個粗糙的、不令人滿意的理論，因為它無法對金子的自然特性做出融貫、合理的解釋，也無法區別真的金子和愚人金。

　　然而，金子的自然性質（本質），並不是一開始就為我們所知。「金子是原子序 79 的元素」並不是一個先天（a priori）為真的命題。相反地，發現這個性質，是累積了大量長期研究的結果。在研究的過程中，也會出現理論性的爭議，不同的理論對於「金子是什麼？」這個問題提出了不同的看法，對於如何鑑別金子提出了不同的標準，它們彼此之間對於誰能夠最佳地解釋金子的性質會產生爭議（我們可以聯想現代化學剛出現時，科學家和鍊金術

士之間的爭議）。隨著科學研究的進步，原本用來鑑定什麼是黃金的判準（阿基米德式的測試或者鍊金術士的方法）會被修正或放棄，舊有的理論會被新的理論所推翻或取代。但儘管如此，所改變的只是我們關於金子的信念或判準，而不是「金」這個字的指稱。兩千年來，人類用來鑑定金子的方法已經有很大的改變了，但金子的自然性質，乃至「金」這個字所指涉的對象，仍然沒有改變。我們可以想像下面這個例子：在希臘時代，有一塊看起來跟黃金一模一樣的金屬，姑且稱它作 X。X 甚至通過了阿基米德的測試，以至於那個時代的希臘人都會相信，X 是金子。假設 X 被完好保存至今，在外觀上沒有多大的改變。有一位現代化學家對它的成分進行分析，卻發現 X 不是由原子序 79 的元素所組成的。我們難道會說：「X 在兩千年前還是金子，從今天開始就不是金子」嗎？或者說：「希臘文 chrysos（「金」）這個字，在兩千年前和兩千年後指的是不一樣的東西」？這兩種說法看起來顯然是荒謬的。我們毋寧會認為：古希臘人錯誤地把 X 當作是金子，實際上它本來就不是金子。從這一點我們可以得出兩個重要的結論：

1. 判準或語意規則的改變不會導致字詞指稱的改變。換言之，字詞的指稱不具有理論上的相對性，同一個字在不同的理論脈絡下仍可指稱相同事物。

2. 字詞的指稱獨立於鑑別的判準。以「金」這個字為例，儘管我們關於金子是什麼的信念可能是錯的，甚至被聯結於「金」這個字的語意規則或成規性判準也可能是錯誤的，但我們還是可以用「金」這個字來指涉金子這個事物，因為「金」這個字的指稱為何，不取決於我們的信念或判準。

(二)「法律」像是「金子」嗎？

接下來的問題是，K-P 語意學對於自然類詞項的分析能不能夠應用於分析法概念。當然，「法律」所指稱的不是自然事物，作為社會制度的一種，法律無法獨立於社會實踐而存在，用哲學的術語來說，我們甚至可以認為法律是某種依賴於心靈（mind-dependent）的事物。然而，這一點並不足以妨礙 K-P 語意學的適用。K-P 語意學的洞見在於指出，許多概念──例如自然類詞項──具有語意的深度（semantic depth）。所謂語意的深度，指的是概念所表述的特徵，和概念所適用的對象的真正性質之間所具有的落差[10]。具有語意深度的概念的特性在於，當我們判斷一個概念是不是能夠適用到某個對象上時，其標準就不在於這個對象是否具有成規性判準所描述的特徵，而取決於一個對於概念所指稱的事物之性質做出最佳解釋的理論。

因此，K-P 語意學能不能夠應用至法概念的分析，其關鍵就在於「法律」這個概念是否具有語意的深度。如果「法律」──如同法實證主義者所主張的──是一個由成規所構成的概念（a conventionally constituted concept），那麼它當然不具有語意的深度。我們可以用一種方式來檢測一個概念是不是具有語意的深度。以「單身漢」這個字為例，它的意義之所以等同於「未婚男子」，完全是個約定俗成的結果。「單身漢」是個沒有語意深度的概念，要判斷一個人是不是單身漢，我們只需要看看他是不是男人且未婚。如果有人宣稱「未婚男子不是單身漢」，則他犯了一個概念上的錯誤（conceptual error），如果有人質疑：「某甲是未婚男子，但他究竟是不是單身漢？」這樣的問題是沒有意義的

---

[10] Stavropoulos, N., *Objectivity in Law*, Oxford: Clarendon Press, 1996, p.84.

（senseless）。相反的，如果有人宣稱「黃色閃閃發光的金屬未必是金子」時，他並未犯了一個概念上的錯誤。我們的確可以去質疑：「這塊閃閃發光的黃色金屬究竟是不是金子？」這樣的問題是有意義的，因為「金」是個具有語意深度的概念，它的意義或指稱不是成規性判準所決定的，我們可以去爭論成規性判準所包含的特徵是不是金子的真正性質。回到「法律」這個概念。當我們在判準某個事物是不是法律時，通常也會依賴一些成規性判準，例如「凡立法者制定的規範即為法律」。如果有某人宣稱「N 是立法者所制定的規範，但 N 並不是法律」，他是不是就像在宣稱「未婚男子不是單身漢」一樣，犯了一個概念上的錯誤？如果有人質疑：「立法者制定的規範是法律嗎？」這樣的問題是不是有意義？

　　Dworkin 對於法概念的看法，有助於我們瞭解「法律」是否具有語意的深度。Dworkin 認為，「法律」是一種詮釋性的價值概念（an interpretive concept of value）。對於「法律是什麼？」這個問題必須採取一種詮釋的態度（interpretive attitude）[11]。詮釋的態度包括了兩個部分：首先，我們預設了法律實踐（legal practice）不單是由一群規範所構成的，而具有某種價值（value）、目的（purpose）或本旨（point），所謂詮釋，即在於建構一套能夠最佳地證立整體法律實踐的價值。其次，在回答「什麼是法律所要求的？」這個問題時，我們必須始終考量到法律實踐的價值或目的，這個價值或目的會影響到我們對於規範的理解，甚至導向規範的修正。我們對於「法律是什麼」的爭議，就是關於法律實踐的價值為何的爭議，對於這個價值的理解會使得我們去調整、擴張、修正我們關於法律的信念。

　　詮釋性概念的特性，顯示了「法律」是個具有語意深度的概

---

[11] Dworkin, R., *Law's Empire*, Cambridge(Mass.): Harvard University Press, 1986, p.47.

念。我們用來鑑別法律的社會成規，它的功能其實在於描述我們認為屬於法律的事物所會具有的典型特徵，簡單說，成規性判準指出了法律的典範（legal paradigms）。道路交通管理處罰條例關於闖紅燈應處以罰鍰的規定，是法律的典範之一，因為它具備了「立法者所制定的規範」這個典型特徵。然而，立法者所制定的規範之所以是法律，並不單純是個約定俗成或定義的問題。為什麼某些制度性事實（例如立法者所制定的規範或者司法判決先例等等）會具有法律上的拘束力，是個有待證立的問題。我們必須提出一套關於整體法律實踐之價值的理論（a substantive theory about the value of the legal practice as a whole），來說明為什麼它們能夠課予我們權利和義務，比方說，之所以讓國會來決定我們是否負有法律上的義務，是為了實現某些特定的政治價值，例如公平（fairness）或程序正義（procedural justice）等等。易言之，我們的社會實踐將某些制度性事實當作是鑑別法律的標準，背後都有某些實質性的理由加以支持。為什麼某些事實會被聯結於「法律」這個概念而當作是鑑別法律的典型特徵，是一個評價的問題，而不單純是個約定俗成的問題[12]。

如果「立法者制定的規範是法律」這個命題的正確性或真實性，是基於某種實質性、評價性的理論考量，而不像「未婚的男子是單身漢」那樣是個規定性的定義（stipulative definition），那麼我們就可以瞭解，當有人宣稱「立法者制定的規範其實不是法律」時，他並不像是宣稱「未婚的男子不是單身漢」一樣，犯了某種概念上的錯誤，相反的，他的宣稱就像是主張「黃色閃閃發光的金屬未必是金子」一樣，是有意義的。重點是，就像科學家可以

---

[12] Stavropoulos, N., "Interpretivist Theories of Law," in E. Zalta(ed.), *The Stanford Encyclopedia of Philosophy*, 2003; Greenberg, M., "How Facts Make Law," in *Legal Theory*, 10, 2004, pp.157-198.

提出一套理論來質疑我們鑑別黃金的成規性判準並不正確一樣，主張立法者制定的規範不是法律的人也要能夠提出實質的理論來支持他的宣稱。如果我們認為他的主張是錯誤的，那麼他所犯的並不是概念的錯誤，而是個實質的錯誤（substantive error）：他所訴諸的價值無法對於法律的典範事例提出合理的證立（這就像鍊金術士的錯誤不在於弄錯了金子的概念，而在於他那套關於黃金的理論無法合理地說明，為何典型的金子會具有某些自然特性是他所鍊製出來的成品沒有的）。

在法律實踐當中，總是存在一些我們認為是法律典範的事例（例如道路交通規則），任何法之理論都必須要能夠合理地說明，為什麼這些事例會被當作是法律[13]，而鑑別法律的成規性判準，其功用就在於概括法律典範所顯示的一些特徵。然而，法律的典範並非不可被挑戰的，就像我們可以去質疑一塊黃色且閃閃發光的金屬是不是真正的金子一樣，我們仍然可以去質疑，某個滿足成規性判準的事物是不是真正的法律。法律的典範並不是因為它符合了成規性判準所列舉的特徵，所以理所當然地被視為是「法律」所指稱的對象。如前所述，我們之所以將某些特徵作為鑑別法律的判準，其實是基於某種實質性、評價性的理論考量。因此，對於典範特徵的描述並不同義於（synonym）「法律」，典範之所以是法律，既非因為定義，也不是約定俗成，而是基於實質性的理由：法之理論所訴諸的價值，是否支持將它歸屬於「法律」這個概念之下。這就像是否能夠將某塊金屬歸類為「金」，決定性的關鍵在於它的分子組成而不是表面特徵一樣。同樣的，對於典範的挑戰是否能夠成功是個實質的問題：這取決於挑戰成規性判準的理論是否能對法律的本質屬性做出更好的詮釋。正如 Dworkin 所說的：

---

[13] Dworkin, R., *Law's Empire*, Cambridge(Mass.): Harvard University Press, 1986, p.88 f.

"Paradigms anchor the interpretations, but no paradigm is secure from challenge by a new interpretation that accounts for other paradigms better and leaves that one isolated as mistake." 因此，法之詮釋理論同時具有證立和批判兩個面向：一方面此一理論的工作在於找出一個能夠解釋或證立法律典範的價值，但另一方面也可以從這個價值再回過頭來檢視，將某些典範視為法律會不會是一個錯誤。就如同我們對金子的性質有了進一步的認識之後，會發現有些黃色閃閃發光的金屬（例如愚人金）由於不是由原子序 97 的元素所組成，因此其實不能算是真正的金子一樣。有些原本被視為法律典範的事物，也有可能因為違背或無法實現整體法律實踐的價值，而不能被稱之為「法律」。一個極端的例子就是：如果我們認為正義的要求是法律所要實現的價值之一，那麼納粹德國的種族主義法律，儘管具有法律的某些典型特徵（例如由有權機關所制定，甚至被社群的大多數成員所接受等等），即會因為違背了正義的要求，而不能被視為是法律。因此「法律」和「金子」的相同之處在於，它們的指稱不是由成規性判準所決定的。要確定一個具體事例是不是「法律」或「金子」所指稱的對象，都必須訴諸一套能對法律或金子的本質屬性做出最佳解釋的實質理論，其區別點僅僅在於，前者的本質屬性是物理性的，而後者的本質屬性則是評價性或規範性的[14]。

　　如果一個為了證立整體法律實踐所提出的法理論，能夠成功地解釋為什麼某些制度性事實會被當作是法律典範所具備的特徵，同時也能夠成功地解釋為什麼某些具備這些典型特徵的事例，實際上卻不能被當作法律，那麼我們可以說，這個理論所訴諸的價值──例如 Dworkin 的整全性（integrity）──構成了法律

---

[14] Dworkin, R., "Hart's Postscript and the Character of Political Philosophy," in *Oxford Journal of Legal Studies*, Vol. 24, No.1, 2004, p13.

的本質。然而這樣的法之理論將不再是一個法之語意學的理論，而是一個關於法之本質的理論。「法律」這個概念的語意深度就表現在，當我們判斷一個對象是不是「法律」所指稱的事物時，不取決於它是否具備了成規性判準所臚列的特徵，而取決於它是否具備了法之本質，法理論的任務，即在於提出一套融貫的命題來說明法之本質為何。因此，法概念的爭議，歸根究底仍然是個實質的爭議，法概念爭議來源來自於對於法之本質的不同看法，亦即對於何種價值最能證立整體法律實踐的爭論。

五、可誤性與法律的客觀性

我們說，金子是個客觀的事物，或者「金」是一個客觀的概念，這是因為我們關於金子的信念，和金子的實際性質之間可能會有一定程度的落差。我們對於金子是什麼，可能會持有錯誤的信念，並不是我們認為金子是什麼，金子就是什麼。易言之，「金子是什麼？」這個問題的答案，在一定程度上獨立於我們關於金子的信念，因此，金子是個客觀的事物。如果「法律」像是「金子」一樣，是個具有語意深度的概念，那麼我們能不能夠用同樣的方式來論證法律具有客觀性？

客觀性有兩種理解方式。首先，我們說某個事物是客觀的，如果它的存在和特徵是獨立於心靈的（mind-independent）。這種意義的客觀性可以稱之為「存有的客觀性」（ontological objectivity）或者「形上客觀性」（metaphysical objectivity）。客觀性的另一種理解方式，所關注的不是事物的存有方式，而是我們理解或認識事物的方式。按照這種理解方式，「主觀／客觀」的區分不是適用於事物，而是適用在我們對於事物的概念、認知、信念或判斷之上。

這種意義的客觀性可以稱之為「認識客觀性」（epistemological objectivity）。認識的客觀性的主要問題在於，我們要用什麼樣的標準來評斷我們的概念、認知、信念或判斷是否具有客觀性？有一種作法是將這個標準直接聯結於存有的客觀性：我們關於某個事物的概念、認知、信念或判斷是客觀的，如果這個事物的存在是獨立於我們的心靈的。舉例來說：我們關於金子的知識或信念是客觀的，因為金子的存在和性質並不依賴於我們的認知。按照這個標準，則認識的客觀性只是從形上客觀性所衍生的。然而，這個標準至少會涉及兩個困難的問題：首先，有些事物，它的存在雖然不能完全獨立於心靈，但我們關於它的判斷或陳述仍然可以是客觀的。通貨膨脹率就是一個例子。其次，形上客觀性所要求的是什麼樣的獨立性？有些事物作為人類的產物，例如椅子，其存在顯然和人類的意圖或信念密切相關，但我們會說椅子是主觀的事物嗎？或者我們關於椅子的概念是主觀的嗎？另一種標準則將認識客觀性聯結於認知過程的(1)可靠性（reliability）：我們形成信念的過程能夠趨向於對事物的正確呈現（accurate representation），或(2)免於扭曲因素（free of distorting factors）：我們形成信念的過程可以免除那些阻礙正確呈現之因素的影響[15]。然而這個標準的問題在於，如果要掌握「正確呈現」與「免於扭曲因素」等概念，則仍然必須預設，作為認識對象的事物其真正的性質或特徵（至少在一定程度上），並不是由我們的認識所構成的，才能夠判斷我們對於它的認識是否「正確」或者「被扭曲」，如此一來，認識客觀性似乎仍然不得不預設形上客觀性。

在這裏我無法進一步討論上面這些困難的哲學問題。我只能

---

[15] 這種對於認識客觀性的標準，見 Leiter, B., "Law and Objectivity," in Jules Coleman/Scott Shaprio(eds.), *The Oxford Handbook of Jurisprudence and Philosophy of Law*, Oxford: Oxford University Press, 2002, p.973 f.

就法律的客觀性問題做幾個簡短的評論。我的出發點是下面這個問題：儘管我們無法想像沒有人類社會而法律仍然存在，或者也可以說，法律的存在不能夠完全獨立於人類的心靈，但這是否就意味著：法律不可能是個客觀的事物？對於「法律是什麼？」這個問題，沒有客觀的答案？

如果我們將「獨立於心靈」作為客觀性（特別是形上客觀性）的要求，那麼關鍵的問題在於(1)客觀性要求什麼樣的獨立性？(2)獨立性的程度如何？按照 Brian Leiter 的看法，所謂「獨立於心靈」，可以分為三種[16]：(1)因果的獨立（causally independent ）：事物之所以存在或具有某些特徵，其產生的因果過程中沒有人類的意圖或信念的介入。(2)構成的獨立（constitutionally independent）：事物的存在與特徵不是由心靈所構成或者等同於心靈活動。個人的心理狀態，例如情緒、感覺或欲望，就是典型不具有構成獨立性的事物。(3)認知的獨立（cognitively independent）：事物的存在與特徵獨立於主體的認知狀態，如概念、知識、信念或判斷等等。一個事物是否具有形上客觀性，只取決於它是否具有認知的獨立性。形上客觀性並不要求事物具有因果的獨立性，如前面所舉的例子，一把椅子之所以存在，在因果關係上固然依賴於設計師或製造者的意圖與信念，但是椅子在構成上和認知上仍然是獨立於心靈的，因此它的存在仍然是客觀的。個人的心理狀態，雖然不具有構成獨立性，但對於一個觀察者而言，被觀察者的心理事實仍然獨立於觀察者的認知狀態，也就是客觀的。我相信張三在生氣，不代表張三真的在生氣。張三是否生氣可以是個客觀的心理事實。同樣的，儘管法律是人類社會的產物，但不具有因果的獨

---

[16] Leiter, B., "Law and Objectivity," in Jules Coleman/Scott Shaprio(eds.), *The Oxford Handbook of Jurisprudence and Philosophy of Law*, Oxford: Oxford University Press, 2002, p.970 f.

立性並不代表法律不能夠是一個客觀的事物，撇開某些極端唯實論或化約論的觀點，法律也不能化約為個人的心理狀態，因此法律的客觀性，其關鍵在於法律是否具有認知上的獨立性，亦即「法律是什麼？」這個問題的答案，是否獨立於個人或者社群的信念或判斷。這牽涉到第二個問題：客觀性要求何種程度的認知獨立性？

　　我們先看認知獨立性所具有的一個重要特性。客觀性所要求的認知獨立性和錯誤的可能性（the possibility of error）密切相關。從另外一個角度來看，要判斷某一個領域（domain）是否具有客觀性的標準在於，這個領域是否允許錯誤的空間（space for error）[17]。這個空間存在於「我（們）認為事物是如此」〔what I (we) take to be the case〕和「事物實際上是如此」（what the case is）之間的落差。舉例來說，巧克力我嚐起來是甜的，那麼它就是甜的，除非我的味蕾具有不同的生理構造，否則我在判斷巧克力是不是甜的這件事上不可能犯錯，因此味覺是主觀的。金子則是客觀的，我們在判斷某個東西是不是金子時，可能會有集體的錯誤，有些東西我們都以為是金子，因為它具有那些我們認為金子所會具有的表面特徵，但實際上卻可能不是金子。但也有居於兩者之間的領域：例如時尚感。各別的個人可能會搞錯什麼是現在所流行的服裝式樣，但很難主張說：大家一致認為流行的式樣，實際上卻不是現在所流行的。在判斷什麼是流行的式樣上會有個別的錯誤，但不可能有集體的錯誤。

　　如果關於某個領域的認知和信念具有錯誤的可能性，就顯示了這個領域的事物具有某種程度的認知獨立性。由於認知獨立性

---

[17] Stavropoulos, N., "Objectivity," in Martin P. Golding/William A. Edmunson (eds.), *The Blackwell Guide to the Philosophy of Law and Legal Theory*, Oxford: Blackwell Publishing, 2005, p.316 f.

的程度不同,使得客觀性也有程度之分。流行的式樣顯然不像金子那麼客觀,但它也不純粹是個人主觀的口味問題。按照獨立性程度與錯誤可能性的差異,主觀和客觀之間有下列的光譜[18]:

1.主觀性(subjectivity):我認為事物是如此,則事物就是如此(whatever I take to be the case is the case)。

2. 弱的客觀性或共同主觀性(weak objectivity or intersubjectivity):我們共同認為事物是如此,則事物就是如此(whatever we all take to be the case is the case)。

3.強的客觀性(strong objectivity):即便我們共同認為事物是如此,事物也未必是如此(whatever we all take to be the case is not always the case)。

從錯誤可能性的角度來看:(1)主觀性意謂著沒有任何錯誤(不論是個別的或集體的)的可能性;(2)弱的客觀性則容許有個別錯誤(individual error)的可能,但沒有集體錯誤的可能性;(3)強的客觀性則容許有集體錯誤的可能性。法律是否具有客觀性就取決於,在「我(或我們)認為法律是什麼」和「法律實際上是什麼」之間存在多大的落差,易言之,我(或我們)關於法律是什麼的信念或用來鑑別法律的判準,是否具有錯誤的可能性。

可以確定一點,法律不是主觀的,「我自己認為法律是什麼,那法律就是什麼」顯然是個荒謬的主張。問題存在於,如果法律是客觀的,那麼是哪一種客觀性?如前所述,法實證主義者認為

---

[18] 更詳盡的區分參考 Leiter, B., "Law and Objectivity," in Jules Coleman/Scott Shaprio(eds.), *The Oxford Handbook of Jurisprudence and Philosophy of Law*, Oxford: Oxford University Press, p.971f。 Leiter 認為在(2)與(3)之間還有一種「溫和的客觀性」(modest objectivity):若我們在理想或適當的條件下會認為事物是如此,則事物就是如此(whatever we under ideal or appropriate conditions would take to be the case is the case)。何謂「理想或適當的條件」,是認識客觀性所要處理的問題。

法律的概念是約定俗成的,「法律」的指稱是由社會成規所決定
的,因此,在鑑別法律的問題上,雖然可能發生個別的錯誤,但
不可能會有集體的錯誤:在判斷 x 是不是法律時,個別的法官可
能不清楚或誤用了承認規則,從而下了一個錯誤的判斷,但是不
可能發生這樣一個情況:依照鑑別法律的社會成規,我們共同認
為 x 是法律,但實際上 x 卻不是法律。也就是說,在「我們認為
法律是什麼」和「法律實際上是什麼」之間沒有落差存在。因此,
法實證主義所採取的客觀性是一種弱的客觀性。如前所述,這種
弱的客觀性和法概念的爭議性難以並存。如果法律的客觀性是一
種弱的客觀性,那麼任何對於成規性判準的挑戰都會被當作是一
種個別的、概念上的錯誤。儘管典範的可反駁性顯示了成規性判
準有可能基於實質理論的考量而被改變或修正,但是按照弱的客
觀性,我們關於法律是什麼的集體信念不可能有錯誤,因此共同
信念(成規性判準)的修正或改變,不能夠被視為錯誤的信念被
正確的信念所取代,而只能視為「法律」這個字的意義或指稱的
修正或改變。如此一來,關於「法律是什麼?」的爭議如果不是
淪為無意義的各說各話,就將成為某種極端的相對主義。

　　相反的,如果「法律」是個具有語意深度的概念,那麼我們
關於法律是什麼的共同信念就有錯誤的可能。由於「法律」的指
稱是由法之本質,而不是由成規性判準所決定。因此,在鑑別法
律的問題上,仍有集體錯誤的可能性,亦即在「我們認為法律是
什麼」和「法律實際上是什麼」會有一定的落差存在。這個落差
蘊含了法律的客觀性,而且是一種強的客觀性:並不是我們認為
法律是什麼,法律就是什麼,法之本質在一定程度上獨立於我們
關於法律的共同信念。這種強的客觀性可以說明,為什麼可能對
於法概念進行理論性的爭議。對於成規性判準的挑戰,是一個實
質問題,我們始終可以質疑,成規性判準所列舉的特徵是否表述

了法律的真正性質。由於「法律」的指稱不是由我們的共同信念所決定的，因此即便成規性判準被推翻或修正，也不會使得「法律」這個字的指稱有所改變，改變的只是我們關於法律的錯誤信念，而不是法律的實際性質。

六、結論

關於「法律是什麼？」的理論性爭議，來自於不同的法理論對於法之本質有分歧的看法，但這並不會導致法概念的爭議成為各說各話的局面，因為他們所爭論的仍然是同一個對象，因此，法概念的爭議性和法律的客觀性可以同時並存。

參考文獻

Alexy, R., *Begriff und Geltung des Rechts*, Freiburg/München: Alber Verlag, 1994.

Brink, D., "Legal Theory, Legal Interpretation, and Judicial Review," in *Philosophy and Public Affairs*, 17, 1988, pp.105-148.

Dworkin, R., *Law's Empire*, Cambridge(Mass.): Harvard University Press, 1986.

Dworkin, R., "Hart's Postscript and the Character of Political Philosophy," in *Oxford Journal of Legal Studies*, Vol. 24, No.1, 2004, pp.1-37.

Greenberg, M., "How Facts Make Law," in *Legal Theory*, 10, 2004, pp.157-198.

Hart, H. L. A., *The Concept of Law*, 2nd ed., Oxford: Clarendon Press, 1994.

Kripke, S. A., *Naming and Necessity*, Cambridge(Mass.): Harvard University Press, 1980(1972).

Leiter, B., "Law and Objectivity," in Jules Coleman/Scott Shaprio(eds.), *The Oxford Handbook of Jurisprudence and Philosophy of Law*, Oxford: Oxford University Press, 2002.

Marmor, A., "An Essay on the Objectivity of Law," in Brian Bix(ed.), *Analyzing Law: New Essays in Legal Theory*, Oxford: Clarendon Press, 1998.

Marmor, A., *Interpretation and Legal Theory*, 2nd ed., Oxford/ Portland: Hart Publishing, 2005.

Moore, M., "A Natural Law Theory of Interpretation," in *Southern California Law Review*, 58, 1985, pp.277-398.

Putnam, H., "The Meaning of Meaning," in Putnam, *Mind, Language and Reality*, Cambridge: Cambridge University Press, 1975.

Stavropoulos, N., *Objectivity in Law*, Oxford: Clarendon Press, 1996.

Stavropoulos, N., "Interpretivist Theories of Law," in E. Zalta(ed.), *The Stanford Encyclopedia of Philosophy*, 2003, http://plato. stanford. edu/entries/law-interpretivist.

Stavropoulos, N., "Objectivity," in Martin P. Golding/William A. Edmunson(eds.), *The Blackwell Guide to the Philosophy of Law and Legal Theory*, Oxford: Blackwell Publishing, 2005.

第六章
全球化的憲政秩序

張文貞

學歷：美國耶魯大學法學博士

現職：台灣大學法律學院副教授

研究專長：憲法、比較憲法、英美法導論

演講日期：2005 年 11 月 23 日

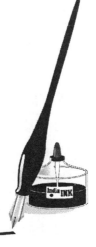

一、前言

　　我關心全球化的議題已經有很長一段時間，可以回溯至一九九七年的秋天，我到美國耶魯法學院攻讀碩士班的時候。當時，學校舉辦一個學術會議，邀集許多全世界重要的憲法法院法官來到耶魯，和法學院教授進行閉門的學術會議，交換對於一些憲法上高度困難的問題，以及各國重要憲法判決的相關意見。這個會議並不對學生開放，我之所以會知道相關資訊，一方面是因為我的指導教授主導了這一場會議，另一方面就是我們台灣當時的大法官——劉鐵錚大法官亦參與其中。令我印象深刻的是，在那次會談之後，不管是美國最高法院的判決、印度最高法院的判決，或是很多其他參與那次會議的法官的判決，多少都會提到該次會議中的意見交換和交流。一般人也許會覺得這並沒有什麼，但是這樣的一種意見交流後來確實對許多國家的判決產生影響，而且是第一次有這麼清楚的影響。

　　除了這次的經驗外，耶魯在一九九八年春季開設 "Globalization and Law" 的課程，第一次將全球化的主題放進正式課程中。等到我二〇〇一年取得法學博士離開耶魯之後，又增加「全球化憲法」的課程，固定由不同國家的憲法學者或憲法法院的法官來授課，內容會涉及不同國家的判決，以及各國在面對類似或不同問題時所採取的思考方式。受到在耶魯學習那一段時間的影響，我從二〇〇四年開始，也在台大法研所與葉俊榮教授合開「全球化的法律秩序」課程，我認為全球化和法律之間有著很重要的關聯，值得在台大開設一門課程。這些因緣際會，都使我對於全球化以及其與法律（尤其是憲政秩序）間的互動產生高

度研究興趣。

二、全球化的現象與過程

我在二○○二年剛回國時發表了一篇文章，主題是「面對全球化」，其中探討了全球化幾個基本的問題[1]。首先，是有關於全球化開始的時間。對此問題，一向眾說紛紜。不過，對我來說，全球化是一個非常新的現象，開始於一九五○、一九六○年間，短時間內就對世界產生重大的影響。而這個「全球化過程」在幾個面向上發生。

首先我們看到的是經濟全球化，一個全球的經濟秩序、商品交換秩序正在形成；而在經濟全球化的背後，與商品製造十分相關的科技也面臨全球化，因此在經濟全球化的背後，我們很快的也看到科技的全球化。科技全球化的第一層是商品標準的全球化，但科技的發展很快又帶動網路的發達。所以科技全球化有著兩個現象：一方面，原來個別不同的科技產生了全球化的統一化現象，另一方面，科技本身的突破也帶動了全球化的現象。

接著發生的是政治全球化的現象，包括一九八○年代後期的政治自由化，以及從東歐國家開始的第三波民主化都是政治全球化的重要因素[2]。表現出來的具體現象是全球的民主化以及全球的

---

[1] 張文貞，〈面對全球化：台灣行政法發展的契機與挑戰〉，《當代公法新論（中）：翁岳生教授七秩誕辰祝壽論文集》，台北：元照，2002。

[2] Huntington, Samuel P., *The Third Wave: Democratization in the Late Twentieth Century*, Norman, OK: University of Oklahoma Press, 1991; Ackerman, B., *The Future of Liberal Revolution*, New Haven, CT: Yale University Press, 1992; Linz, J. & Stepan, A., *Problems of Democratic Transition and Consolidation: Southern Europe, South America, and Post-Communist Europe*, Baltimore, MD: The Johns Hopkins University Press, 1996.

憲法變遷；一個驚人的事實是，在二〇〇〇年全球有 60%的人生
活在民主秩序之下。從九〇年代開始，有三分之二以上的國家曾
經修改或制定新憲法，短短的十年間竟有如此快速、集中的變遷，
十分值得注意。最明顯的例子就是伊拉克，其在今年也藉由公投
制憲完成了憲法，這整個情況說明了政治、法律全球化也正在成
形。

三、全球化的特徵

　　在對全球化進行描述與定義之後，我試著指出全球化的幾個
特徵，我在前述「面對全球化」的文章中提出全球化有四點清晰
的特徵：第一是「主權概念的侵蝕」。這並非表示傳統國家的主權
在今天已經不存在，而是受到很大程度的侵蝕，並且此一現象是
在近四、五十年才發生。台大法律系在今年十月底舉辦「新興民
主與憲政改造——國際視野與台灣觀點國際研討會」，會中有兩位
學者不約而同談到主權國家的侵蝕這個概念。其中一位耶魯教授
Bruce Ackerman 早就為文指出，將來區域憲法為朝向美洲聯邦、
歐盟、甚或亞洲聯邦的發展趨勢，在在都顯示傳統國家主權概念
的變動[3]。我認為全球化的現象已經深層地影響幾個重要學科，包
括法律的特色、特質，所以很多人都可以去抓住法律、憲法在未
來的共通趨勢。

　　第二個全球化的特徵是「時空象限的模糊」。因為全球化的結
果，使得我們可以很容易與世界上其他地方的人交換意見。時空
象限的模糊充分表現在經濟、科技、政治、法律的全球化上，其

---

[3] Ackerman, B., "The Rise of World Constitutionalism," in *VA. L. REV.* 83, 771,
1997.

中一個明顯的例子是，東歐國家有些具有民主化、自由化的條件，有些則完全沒有，然而那些沒有任何條件的國家卻也在過去十多年建構出民主法治、市場的制度。這種弔詭的現象是怎麼發生的呢？就像最近我們突然發現，全世界有三分之二以上的國家存在所謂合格的選舉，但是這些國家中卻有很多並不具備民主理論所重視的民主條件。究竟是什麼因素產生這樣的民主化浪潮以及全球性的憲政改造與憲法變遷呢？我試著主張這樣的現象來自於我今天的題目——「全球化的憲政主義」。

全球化還有其他特徵，像是「身分認同的紛雜」，這個不難理解，主要是來自前兩個特徵所產生的。最後一個特徵是「強勢弱勢的激化」。全球化的背後仍然有資源條件的差異，有資源優勢的國家會先表現出全球化[4]。

在法律全球化的過程中已經清楚呈現出來的，是全球化與憲政秩序這個範圍。我們可以把它分成三個現象：第一個就是全球憲政秩序的現象，在全球化的影響下，是否已經有一個全球憲法、全球公約[5]？是不是已經有一個全球法院[6]？這些是大家很容易想到的第一個問題脈絡。但是我認為另外兩個問題更為重要；首先，在全球化的憲政發展下，原本國內的憲政秩序、憲法安排、規範也越來越全球化。我們今天如果到英國，會發現即使英國不是一個成文憲法的國家，但是其關心之許多重要的憲法議題，以及進行中的相關憲法議題或人權的爭訟，與其他成文憲法的國家其實亦並非有絕對之差異[7]。同樣地，我們在台灣討論國家人權委員會

---

[4] 同註1。

[5] Cass, D. Z., "The Constitutionalization of International Trade Law: Judicial Norm-Generation as the Engine of Constitutional Development in International Trade," in *EUR. J. INT'L L.* 12, 39, 2001.

[6] Slaughter, A.-M., "Judicial Globalization," in *Va. J. Int'l L.* 40, 1103, 2000.

[7] Koh, H., "International Law as Part of Our Law," in *AM. J. INT'L L.* 98, 43, 2004.

的是否及如何設置，而此一議題在其他國家也同樣看得到。這是不是表示有一個全球化的憲政發展現象出現呢？第三個現象我認為已經在發生，而且情況比較複雜的全球化憲政秩序。在全球化的憲政秩序之中有一股脈絡、力量正在全球化（globalizing），本身是一個進行中的、互動的力量。

四、全球憲政秩序

關於全球憲政秩序的內容，可以從幾個不同的脈絡來觀察。如果今天我們問憲法是什麼，基本上會包括人權、基本組織、法院等等面向，那如果我們問全球憲政秩序是什麼，我們則會看到三個層次：

第一個層次是「全球貿易秩序」：由於經濟全球化的現象，延伸出對於規範一致化的需求。藉由世界貿易組織（WTO）[8]、國際貨幣基金（IMF）[9]等等國際組織，全球貿易秩序可以說已然形成。當全球貿易秩序發揮其力量時，我們可以發現其並不只是單純的貿易，而是成為一個全球在相互交往當中都必須遵循的規範秩序。最近很多憲法學者都在思考世界貿易組織是否具有憲法的特質，是否成為世界憲法的一種可能形式[10]。有人甚至主張，世界貿

---

[8] 世界貿易組織（World Trade Organization, WTO），是一個獨立於聯合國的永久性國際組織。該組織的基本原則和宗旨是通過實施市場開放、非歧視和公平貿易等原則，來達到推動實現世界貿易自由化的目標。

[9] 國際貨幣基金（International Monetary Fund, IMF），係根據一九四五年布萊頓森林協定（the Bretton Woods）設立，其宗旨在於逐漸消除有礙國際貿易的匯兌制度，建立多邊、自由的支付制度，最終目的在於達成穩定的國際貨幣關係。

[10] Guzman, A. T., "Global Governance and the WTO," in *Harv. Int'l L.J.* 45, 303, 2004.

易組織具有世界經濟憲法的地位，世界經濟的憲法規範已然形成
11 。

　　第二個是「全球人權秩序」：通常提到憲法就一定會講到人
權，從這個角度來看，全球憲政秩序底下的人權在哪裏呢？此一
面向具體表現在「公民及政治權利國際盟約」（ICCPR）12等全球盟
約中。我在去年所發表的一篇文章中指出，全世界一百九十多個
國家當中，有超過一百六十多個國家承認這些盟約，更重要的是，
這些國家當中有很大一部分是在一九八〇、一九九〇年代才承
認。另外，這兩個盟約之上還有所謂的六大基本盟約，都是在最
近五年到十年的時間突然產生很大的效力13。因此，全球的人權憲
章雖然不是一部法典，但是這個體制也已經出現。

　　第三個就是「區域或全球憲政秩序」的隱然形成，像歐盟就
是最好的例子，或是像聯合國，很多人也已經從全球憲政的角度
來看其發展。在這個面向上，我們可以看到相互交疊的力量產生，
越來越多國家內部或是國家之間關係的安排，反映了主權國家疆
界的模糊。現在有許多地區可以跨越國家規範的界線，直接參與
國際組織的活動，這等於產生出一個新的、非主權之下的聯邦原

11　同註 5。

12　公民及政治權利國際盟約（International Covenant on Civil and Political
　　Rights, ICCPR），是聯合國在世界人權宣言的基礎上通過的一項公約，於一
　　九六六年十二月十六日通過。該公約由人權委員會監管，人權委員會由十
　　八名專家組成，每年開三次會議。這些專家於開會期間考察其成員國依據
　　公約所提交的定期報告。人權委員會委員是從成員國中選舉產生，但他們
　　並不代表任何國家。

13　以「消除對婦女一切形式歧視公約」（Convention on the Elimination of All
　　Forms of Discrimination against Women, CEDAW）為例，截至二〇〇六年八
　　月為止，共有一百八十四個國家批准 CEDAW。僅餘美國、太平洋少數島
　　國、少數回教國家（伊朗、卡達等），以及教廷尚未批准。在任意議定書方
　　面，至二〇〇六年六月為止，共有七十九個國家批准或加入，主要集中於
　　歐洲及美洲，另有二十一個國家簽署但尚未批准。批准 CEDAW，意味著
　　這些締約國承諾接受採取一切立法、司法和其他必要手段來消除對於婦女
　　之歧視。

則，這是一種安排跨界線權力秩序的模式。

五、全球化的憲政秩序

　　第二個脈絡是我剛剛提到的「全球化的憲政秩序」，我認為此一脈絡也反映在三個領域當中：第一個是關於「全球化的民主浪潮」，包括第三波、甚至第四波的民主發展等等；第二個則是「全球化的憲政浪潮」，最近有位比較憲法領域的知名學者主張，從十七、十八世紀開始有憲政主義以來，共出現過六波制憲、憲法變遷的浪潮。第一波當然開啟於美國與法國的制憲，而第六波則是從一九八九年開始，因為第三波民主浪潮所引發的憲法變遷浪潮[14]。在全球化的憲政浪潮中，除了數量的改變之外，還有性質上的不同。我在去年發表的文章中就提到，我們可以在近十多年來的憲法變遷浪潮中發現一個共通現象，那就是新憲法的內容往往大同小異。不同的國家在其社會背景完全不同的情況下，卻產生相類似的憲法內容，這些現象是怎麼發生的呢？

　　第三個是所謂的「憲法解釋的全球化」，這又可以從兩個角度來看：包括「制度」及「解釋內涵」的角度。從制度面的角度來看，憲法法院的數量增加許多；而從憲法解釋的角度來看，不同文化、社會脈絡、發展程度的法院，對於憲法解釋的內容，也產生越來越全球化的現象。具體來說，我認為「全球化的憲法解釋」

---

[14] 關於第三波民主化國家經驗的詳盡介紹，參見 Huntington, Samuel P., *The Third Wave: Democratization in the Late Twentieth Century*, Norman, OK: University of Oklahoma Press, 1991。特別針對亞洲第三波民主化國家的民主轉型及憲法變遷經驗探討，參見 Ginsburg, T., *Judicial Review in New Democracies: Constitutional Courts in Asia Case*, Cambridge: Cambridge University Press, 2003。

表現在三個面向。第一個面向是憲法法院或各國的最高法院在解釋憲法時，表現出對外國憲法或法院判決的積極援引[15]。第二個面向是各國法院在解釋憲法時，對於國際公約或國際習慣法的主動援用[16]。事實上，很多國家的憲法並不允許法院主動援引國際公約，使其在國內產生效力。由於主權的爭議，所以行政部門和外國所簽訂的條約，常常還是需要國會的批准。當條約跟國內法有衝突，如何援引也還有很多細部規定要處理。然而最近我們看到的趨勢是，很多法院排除各種困難，主動援引國際公約。第三個面向是各國法院在解釋憲法時，對所謂普世價值或世界社群的概念進行詮釋[17]。很多國家的法院在面對具體的國內問題時都會這麼做。以上這三個面向，我認為是憲法解釋全球化的趨勢已經浮現的三個部分。

因此，不同國家的法院判決之間似乎會越來越像。如果我們認為死刑應該廢除，我們會發現不管原先各個國家的憲法如何規定、國民的意向如何，越來越多的國家法院會去認同這樣的觀念。但是我並非主張，在「憲法解釋的全球化」此一脈絡底下，所有國家的憲法解釋一定會朝趨同的方向發展。我所強調的是方法與脈絡的變化，也就是現在各國法院在審理案件時，常常會考慮到其他國家的憲法與法律，而不是認為判決的結果都會變成一樣。

---

[15] Yap, P.-J., "Transnational Constitutionalism in the United States: Toward a Worldwide Use of Interpretive Modes of Comparative Reasoning," in *U.S.F. L. Rev.* 39, 999, 2005; L'Heureux-Dubé, C., "The Importance of Dialogue: Globalization and the International Impact of the Rehnquist Court," in *Tulsa L.J.* 34, 15, 1998.

[16] Smith, D., "Continental Drift: The European Court of Human Rights and the Abolition of Anti-Sodomy Laws in Lawrence V. Texas," in *U. Cin. L. Rev.* 72, 1799, 2004; Jackson, V. C., "Transnational Discourse, Relational Authority, and the U.S. Court: Gender Equality," in *Loy. L.A. L. Rev.* 37, 271, 2003.

[17] Kuo, H., "Paying 'Decent Respect' to World Opinion on the Death Penalty," in *U.C. Davis L. Rev.* 35, 1085, 2002.

六、全球化的憲法解釋

關於我剛剛提到的全球化憲法解釋，我要再提供一點想法，為什麼這樣的情形會發生？第一個原因與全球憲政主義（global constitutionalism）以及全球化的憲政主義（globalized constitutionalism）有關。也就是說，當我們看到越來越多的全球貿易秩序、全球人權秩序、區域的憲政秩序形成的時候，我們對於法院援引這些秩序，甚至產生越來越類似的判決，就不會感到意外，因為這些結果也正是這些新興憲政秩序本來就期望得到的結果。但是我認為更重要的是下面三個理由：首先，我們可以觀察到知識與理念在全球自由流通的現象（global communications of ideas），此一現象由於受到經濟與科技全球化的支持，正以前所未有的速度在發生。過去人類接受知識需要條件、時間，但是現在這些限制很大程度被弭平了。再來是所謂的法院或法官之間形成了一個全球社群（global community of judges and courts）[18]，就像我一開始所提在耶魯舉辦的那次會議，其對於後來各國憲法法院的判決產生了那麼清楚而具體的影響。最後，以上種種均顯示出一個對於憲政主義進行詮釋的全球社群（global interpretive community）的出現，此一社群本身又會進一步成為憲政主義全球化（globalizing constitutionalism）背後的驅動力量。

---

[18] Slaughter, A.-M., "Judicial Globalization," in *Va. J. Int'l L.* 40, 1103, 2000.

七、結論與批判

在描述了憲政秩序全球化的現象之後，進一步要思考的是其結果如何？我剛談到憲政主義正在進行全球化，但這個現象是否代表憲政主義獲得全面勝利？憲政主義從十七、十八世紀開始發展，並突然在過去的十多年間蓬勃的在各個不同的層次上得到落實，這是否代表了憲政主義的勝利呢？從目前很多文獻上可以發現，許多學者確實抱持這樣的看法。但從另外的角度來看，這是否只是代表一種全球被殖民憲政主義（global colonized constitutionalism）的產生？畢竟上述種種的新現象，似乎仍舊反映西方主流的規範價值與規範體系。雖然在這十多年間並沒有接受西方價值與制度的地方，很多也接受了憲政主義（這正是我所提出的法律全球化的現象），但這些情況是有成本的或是沒有成本的呢？因此我認為，全球憲政主義雖然在某些層面確實有其正面的影響，但另一方面，我們也要思考，零星幾個地方的現象真的能夠引起全面性的改變嗎？還是終究只是個別的現象？因此，我們並不能只是單純接受全球憲政主義，而更需要對全球憲政主義進行批判、反省，去正視其背後許多的問題及挑戰。

參考文獻

張文貞，〈面對全球化：台灣行政法發展的契機與挑戰〉，《當代公法新論（中）：翁岳生教授七秩誕辰祝壽論文集》，台北：元照，2002。

Ackerman, B., *The Future of Liberal Revolution*, New Haven, CT: Yale University Press, 1992.

Ackerman, B., "The Rise of World Constitutionalism," in *VA. L. REV.* 83, 1997.

Booth, C. & Plessis, M. D., "Home Alone? The US Supreme Court and International and Transnational Judicial Learning," in *E.H.R.L.R.* 2, 2005.

Cass, D. Z., "The Constitutionalization of International Trade Law: Judicial Norm-Generation as the Engine of Constitutional Development in International Trade," in *EUR. J. INT'L L.* 12, 2001.

Ginsburg, T., *Judicial Review in New Democracies: Constitutional Courts in Asia Case*, Cambridge: Cambridge University Press, 2003.

Guzman, A. T., "Global Governance and the WTO," in *Harv. Int'l L.J.* 45, 2004.

Huntington, Samuel P., *The Third Wave: Democratization in the Late Twentieth Century*, Norman, OK: University of Oklahoma Press, 1991.

Jackson, V. C., "Transnational Discourse, Relational Authority, and the U.S. Court: Gender Equality," in *Loy. L.A. L. Rev.* 37, 2003.

Koh, H., "International Law as Part of Our Law," in *AM. J. INT'L L.* 98, 2004.

Kuo, H., "Paying 'Decent Respect' to World Opinion on the Death Penalty," in *U.C. Davis L. Rev.* 35, 2002.

Kuo, H., "The Ninth Annual John W. Hager Lecture, The 2004 Term: The Supreme Court Meets International Law," in *Tulsa J. Comp. & Int'l L.* 12, 2002.

L'Heureux-Dubé, C., "The Importance of Dialogue: Globalization and the International Impact of the Rehnquist Court," in *Tulsa L.J.* 34, 1998.

Linz, J. & Stepan, A., *Problems of Democratic Transition and Consolidation: Southern Europe, South America, and Post-Communist Europe*, Baltimore, MD: The Johns Hopkins University Press, 1996.

McGinnis, J. O. & Movsesian, M. L., "Against Global Governance in the WTO," in *Harv. Int'l L.J.* 45, 2004.

Slaughter, A.-M., "Judicial Globalization," in *Va. J. Int'l L.* 40, 2000.

Smith, D., "Continental Drift: The European Court of Human Rights and the Abolition of Anti-Sodomy Laws in Lawrence V. Texas," in *U. Cin. L. Rev.* 72, 2004.

Yap, P.-J., "Transnational Constitutionalism in the United States: Toward a Worldwide Use of Interpretive Modes of Comparative Reasoning," in *U.S.F. L. Rev.* 39, 2005.

第七章

法義理學與法律思想史
之關聯性

陳起行

學歷：美國加州柏克萊大學法學博士

現職：政治大學法律學系教授

研究專長：法理學、資訊法學、著作權法

演講日期：2005 年 11 月 30 日

一、前言

　　西方法律思想史的發展和其法義理學的發展之間確實是有重要的互動關係。法義理學在英美通常叫做法律科學（legal science），法律科學的想法與英美法律思想的發展，也有值得關注的關係。今天所要簡介的是西方的法律思想的發展過程當中，由幾個具典範意義的不同思想時期觀察，其法律思想如何影響法義理學的想法。

　　王伯琦先生的《近代法律思潮與中國固有文化》一書中，特別強調：「我們要學習西方的法律，最重要的是兩點，也就是傳統中國所欠缺的：一個是人格權的觀念，第二個就是法律科學」。確實，西方在法律科學，簡單的講就是使法律以一個有條理的方式呈現的努力，其無論是在思想面，或是在實務制度面，確實有一系列的演化，而且一直受到法學研究者的重視。

　　個人以為，西方的法律思想，可以分成四大時期：第一個是自然法學的思想，自然法思想其實有三波：第一波是希臘「理性的自然法思想」。而到了中世紀，基督教的強盛，秉其主導力量發展出了不是重理性，而是重信仰的「信仰的自然法思想」。

　　第三個自然法的時期，它在時間的發展上其實是在比較後面的，是在十八世紀，中間已經跨越了十五、十六世紀開展的歷史法學。所以在歷史法律思想和第三波自然法思想中間，是有一個互為消長的過程：十五、十六世紀的歷史法學的思想，到十八世紀沈潛下去了，取而代之的是一種理性、科學的自然法思想，帶動了法典化的運動，具體成果有《拿破崙法典》、《普魯士邦法典》、《奧地利民法典》等。然而到了十九世紀又有「第二次的法律人

文主義」，也就是重歷史的法律人文主義思想到了十九世紀又再度抬頭，和十八世紀的理性的自然法思想又一次互為消長、潮起潮落。

第三個西方法律思想的典範是十九世紀初，「實證的法律思想」的開展，至今仍然佔據法律思想上的主流地位。第四個則是在十九世紀中後期，受到工業革命的衝擊而開展的「社會法律思想」，不斷挑戰實證法律思想的主流地位。

二、自然法學

(一)希臘，理性自然法

法義理學受希臘的理性自然法的影響為何？簡單的說，西方有幾次法典化的里程碑[1]。首先是羅馬時代，西元六世紀的 Justinian I，他是東羅馬帝國的皇帝，在他命令下，有一個叫做 Tribonian 的大臣負責編纂羅馬法。所謂編纂羅馬法，是指 Tribonian 將早他一、兩百年前羅馬最輝煌時代的法學家的法律問題解答做有條理的整理。十九世紀德國人很自豪的說「經由羅馬法而超越羅馬法」，反映出德國人確實花了很多力氣去學習這套羅馬法。

在台灣，雖然我們這時代跟羅馬時代已經差距很大，可是羅馬法裏面所呈現的法律科學或是法義理學，確實仍然是很多法學者鑽研的重要領域。當然年代非常久遠，所以希臘的哲學跟羅馬的實務，實際上是如何運作而融合出了羅馬的法律科學，不是那

---

[1] 本講次有關自然法學及歷史法學與法義理學的關係部分，請參考陳起行，《法形成與法典化——法與資訊研究》，台北：學林，1999（第二部分：法典化研究）。

麼清楚，但是有一些線索。例如：Gaius 寫了一本書叫《法學階梯》，他寫的不是很深入的法律問題的分析，而是一個很全面的，給一個入門的人瞭解：「到底羅馬法裏面有什麼樣的內容」。所以《法學階梯》是一本法學入門，但是它對後世的影響不下於隨後介紹的學說彙編，原因在於 Gaius 有一個很好的組織方式。

他覺得所有的法律問題大概都可以分成三個面向來看：涉及怎麼樣的人、涉及什麼樣的物、涉及到什麼樣的訴因[2]。這是一個三分法，有法史學家認為他的這項三分法是很有影響力且偉大的，後世有許許多多法律的續造，甚至在社會哲學、政治哲學方面，往往也是用他的三分法作為發展理論的基礎。在德國民法的總則篇，也就是我們民法的總則篇，也是以人、物、行為作為整個民法的最基本概念的分類與介紹的方式，所以他的影響一直從羅馬時代貫穿到今天，這是一個我們能看到的希臘哲學、羅馬法律科學對後世很明顯的影響。

《查士丁尼法典》代表人類在法學及法律科學上一項具里程碑意義的一步。它基本上是一項編纂的成品，將羅馬法律靈魂人物的法律智慧整理成羅馬法。《查士丁尼法典》一共有四個部分，較重要的是其中的兩個部分：第一個部分是剛剛講的「法學階梯」，另一個則是「學說彙編」。在過去羅馬的實務上，審判工作是由非法律專業的人士負責，遇到問題就會請法學者解答（response），法學者的解答相當多，其中有五、六位是靈魂人物，也就是以這幾位法學者的解答整理成了學說彙編，是羅馬法的精髓所在。

---

[2] 所謂訴因即，以什麼樣的方式來法院起訴。

(二)中世紀，信仰的自然法

　　在中世紀的前期，整個希臘的哲學暫時失落，而在基督教的觀念裏面，人沒有那麼偉大到可以用理性來解決自己問題的。人只能靠信仰神，也因此整個理性的傳統並沒有受到重視，反而信仰思想的脈絡在這時候有機會發展。而這個時期，法義理學可謂處在黑暗時代。羅馬被滅了，蠻族和羅馬文化也開始長期的融合，不過所使用的是一般稱為「粗俗化的拉丁文」——蠻族用他們的方式來理解拉丁文、使用拉丁文，所以就拉丁文而言，經歷了一個粗俗化的過程。在十二世紀，有一位僧侶叫 Gratian，他利用 Aristotle 的四因來分析整個宗教法，包括教皇的敕令、教會的法律規定等等，編製了《宗教法大全》，這是第二個類似《查士丁尼法典》的法典化努力，當然《宗教法大全》在法典化程度以及對後世的影響，遠遠無法跟《查士丁尼法典》相提並論。

　　到中世紀後期，基督教的思想和希臘的哲學思想有一個匯流的過程。十三世紀的 Aquinas，他算是把這兩個思想的源頭加以整合起來的一位新的自然法學者。「自然法」這個字，其實最早出現自 Aquinas。他將法律首先分為「永久法」，永久法其實是神所定出來的，萬事萬物都受永久法的支配。換句話說，我們都是受神的支配。但是他也承認人有理性，這一點是不被當時基督教所接受的（所以 Aquinas 變成聖人是幾百年後基督教追封的，他在世時屬於少數說）。他將理性與信仰結合的方式是認為人有理性，人的理性可以認識到一部分的神所支配的永久法，那個部分就叫做「自然法」。在法義理學方面，除了前述 Gratian 之外，這段時間是比較空白的。

(三)科學自然法──理性法時代

介紹這個時期之前，我們應當瞭解，如前所述，這個時期在時間上，晚於下一小節所討論的法律人文主義。

我們可以看到從 Galileo 與 Copernicus 這種對科學追求的過程，科學態度與思想的發展事實上是一直高漲，到了十八世紀有了所謂「理性的自然法」。理性的自然法時期的法典化運動是法義理學上最重要的發展。

I. Newton 的萬有引力說，發現萬事萬物有一個第一原則，就是地心引力。這個模式影響到法學，最具代表性的是 Wolff，Wolff 是德國的哲學家、法理學家，那時候重視科學，因此 Wolff 可以憑其科學背景擔任大學法理學的教學工作。Wolff 的觀念裏面，法律第一原則是黃金律。由此第一原則進行邏輯擴張（logical expansion），可以經由嚴格的演繹過程派生各個層級法律規範、法律的概念，及法律的原則，而最底下的那一層就是法條。如此可以確保法律規定符合第一原則及各層原則之要求。

受這種思想影響最深的就是一七九四年制定的《普魯士邦法典》，立法者希望能夠透過兩萬多條法律，從此不需要法官、律師，社會上每一個人的行為就像數學的運算一樣，有一個行為 x 就可以找到一個法律的效果 f(x)，這樣一個對應結果當然就不需要有人來解釋，不需要法官跟律師。Napoleon 對於《拿破崙法典》也同樣有這種想法，所以當 Napoleon 聽到有人寫了第一本註釋《拿破崙法典》的書的時候，他其實很失望。必須強調的是：Wolff 從自然科學中 I. Newton 的物理學找到萬有引力作為一切物理理論的基礎，發展出法典以基本法律原則演繹出整個法律體系這種想法，是科學自然法時期，法義理學受法律思想之影響，最值得注意之處。

三、歷史法學

(一)十五、十六世紀，法律人文主義

　　中世紀後期，甚至是快要結束的時候，正是文藝復興及人文主義興起的時候。基本上這是一種復古運動。《聖經》與《查士丁尼法典》是兩個古文明所留下來的遺產，所以有一批法律人出現了，後來被稱為「法律人文主義者」（legal humanists）。他們想要還原《查士丁尼法典》的真面貌，因為羅馬被滅以後，雖然有《查士丁尼法典》，但是蠻族所使用的《查士丁尼法典》裏面的拉丁文通常都是很粗俗的。中世紀後期，他們透過越來越能接觸到的希臘、羅馬的文化，發現有一個很高度的文明是要越過整個中世紀才能夠接觸到，所以有越來越多的人投入，希望透過考察「什麼才是真正的《查士丁尼法典》」，以恢復這些文化的原來面貌。

　　在這過程當中，史學方法開始萌芽，古典的語言學（philology）發展出來了，他們發現可以很科學的從所使用的語言、所用的語法，或所用的語句，論斷出文本出現的時代。易言之，什麼樣的社會用什麼樣的語詞，用什麼樣的語句，用什麼樣的語法，都和那個社會有一定的關聯。法律人文主義者也相當成功地利用這種相當科學的古典語言學，甚至還超越了《查士丁尼法典》的編纂者，認為 Tribonian 所編定的《查士丁尼法典》本身有很多歷史上的謬誤，斷章取義，沒有把真正最輝煌的羅馬的法律人的見解好好的做整理。

　　除了歷史的方法外，還帶來一個歷史的觀點，歷史觀點的抬頭，因此我們把它稱為歷史法學（historical jurisprudence）。簡單的

說，他認為法律比較像語言[3]，語言有它自己的生命，源遠流長，隨著時代一直在改變，所以法律自然也是一直在改變的東西，它本身有自己的生命。

為什麼歷史重要呢？為什麼歷史的觀點會比希臘時代的理性、哲學的觀點還重要呢？法律人文主義者主張歷史給予我們後代人一個具體的真理（concrete truth），不像哲學給予人們的是抽象的真理（abstract truth），有時候比較容易擦槍走火。最明顯的例子就像納粹，納粹時代之後很多人開始批判 Plato，認為 Plato 要為納粹負責，因為理想國就 A. Hitler 而言，他似乎就是那哲君（philosopher king），其結果是很悲慘的。當然也有位哈佛的哲學家 John Wild 為 Plato 辯護，所以贊成、反對爭吵不休。歷史法學者會說：這是因為 Plato 講得都太抽象了，如果我們用那時的語言還原歷史的整個發展，歷史會給我們很多的啟示，而且是具體的啟示，什麼人、什麼事、什麼物，在什麼時間，有什麼事情，後來怎麼樣一個結果，這種教訓是具體的教訓。

■典雅法學

這批法律人文主義者是很少數的一批，因為從十一世紀起就已經有大學了，大學興起之後，長期教授《查士丁尼法典》，然而法律人文主義者基本上不想學《查士丁尼法典》，並用之於當時社會法律問題的解決，他們認為《查士丁尼法典》太粗俗了，用的不是那麼優雅的（elegant）拉丁文，所以法律人文主義的另外一個名字就叫典雅法學（elegant jurisprudence），他們很重視希臘、羅馬時代優雅的拉丁文，以今天的話來講，這一批人叫基礎法學者，他們認為真正的法學是做法史學的工作，他們認為研究法律就是把法律看成歷史的發展，把過去的法律研究透徹。法律人文主義

---

[3] 十九世紀德國歷史法學家 Savigny 也曾提到同樣的說法。

最早從義大利發展，後來隨著戰爭，轉到法國，而且法國曾經設立一個大學，是法律人文主義的大本營，到今天這個大學還在。這是歷史法學第一波的發展，隨著文藝復興開啟的復古運動帶來史學的觀點和史學的方法。

在這階段看到一個現象即，法律人文主義者不屑於學習大學裏面所教授的《查士丁尼法典》，因為太重實務、重視法義理學，用法律來解決當時的社會問題。但是 Harold Berman 指出，整個法律人文主義者有三個發展的階段：第一個階段就是排斥法義理學的法學；到了第二階段開始不排斥了；到了第三階段則開始融合。所以從這點可以理解的即十九世紀德國的歷史法學，亦即 Savigny 的歷史法學，與法義理學的關係是採取一種融合的態度。他雖然是歷史法學，卻也可以看到 Savigny 本身也是個體系建構者，他重視歷史的方法也重視法律體系的建構，所以這是兩個思想從不同的發展源頭彼此排斥，到最後互相融合的過程。

■十七世紀，歷史與科學

如前所述，十五、十六世紀之後，Galileo、Copernicus 開啟了對科學的追求跟探索，對法學有新一波的影響，把它稱為「科學自然法時代」的開展。在科學自然法時代集大成的是十八世紀的三個法典化運動：《拿破崙法典》、《普魯士邦法典》跟《奧地利法典》。

就歷史法學思想的發展觀之，在這過程當中，值得一提的是在十七世紀一個特殊的現象：所謂的歷史與科學同義。歷史就是科學，科學也就是歷史的觀念。可以舉 F. Bacon 的思想與方法論來做例子。一般人知道他是歸納法大師，其實從法律的觀點來講，他之所以要發展歸納法就是要法典化，就是要為英國法的法典化努力。因為英國是判例法，判例法從國王法院十三世紀專業化，

到了 Bacon 的時代經歷了幾百年,判例已多到法律人也不知道該怎麼辦,所以 Bacon 想學歐陸編纂法典,推動判例法的法典化,所以他的歸納法就是判例法如何歸納的方法論。

他的方法論是典型歷史和科學同義的想法,他認為任何的科學工作,第一步就是要做歷史的工作,而歷史分成兩種:即自然歷史跟人造歷史。法律是一種人文制度,所以是一種人造歷史;而研究生物、樹木是一種自然歷史。要研究某棵樹,第一就是要把這棵樹一百年、兩百年如何演化成今天這個樣子,先做一個歷史的整理後,再找科學家來開始講述原理原則,講出一些背後的道理。法律也是一樣,所以在他的推動底下成立了倫敦皇家學院[4],把所有的研究人員集中在一起,他的想法就是要有一群人專門去考察研究對象的歷史,整理完以後,由另外一批科學家去解讀、分析這些資料。在法律上,就是把過去到現在的判例完全按照時間順序排列好,把那些判例不全的丟掉,然後建立法律準則(Maxine)。

他用大頭針做比喻,我們需要指點(pinpoint)的協助,在解決一個法律爭議的時候,需要法律準則協助標出從哪裏開始思考,所有這些法律準則是為法律人做指點,以及解決法律問題時指引你解決問題的方向。所以有個特別的現象,即歷史與科學在這時候都是非常受重視的,甚至結合在一起,因此他認為科學的工作一定要先做歷史的工作。這種方法論也直接影響到十九世紀德國歷史法學。

(二)十九世紀,德國歷史法學(第二次法律人文主義)

在一八一五年有一位叫 Tibaut 的法學教授,建議德國應該要

---

[4] 倫敦皇家學院於性質上類似我國的中央研究院。

法典化，像法國一樣，因為法國有法典所以才強大，因此德國要
訂立法典。德國那時還不是統一的國家，期望透過法典的訂定，
經由法典的一致，而形成一個統一的國家，所以他有政治上的目
的，也有法學方法上的影響。Savigny 反對 Tibaut 提出法典化的主
張，他在一八一五年寫了一本小冊子《當代立法任務》[5]，我特別
注意這本書中提到 Bacon 三次，所以德國十九世紀的歷史法學也
融合了英國法義理學的發展。

　　Savigny 提出《當代立法任務》以後，他主張德國還不具備訂
立法典的條件，因為歷史整理的工作還沒有完成，所以他花了十
年的時間寫了《中世紀的羅馬法》[6]，那是一個歷史整理的工作
——從羅馬時代，一直到中世紀，到十九世紀的德國，將許多的
學說、習慣和判決，做一個系統整理。再經過十多年，他的第三
本重要著作《當代羅馬法體系》[7]完成，而在這本書的第一冊裏他
講到各種法律解釋，如文義解釋、體系解釋等等，所以 Savigny 被
視為德國法學方法論的鼻祖。

　　Savigny 是重要的歷史法學家，而且是 Berman 所說的第三代
歷史法學家，將法義理學從排斥到不排斥，更進一步開始融合，
所以美國的法律文獻裏面，把 Savigny 所做的不叫做歷史法學，直
稱「歷史的法律科學」（historical legal science），認為他做法律科
學的工作，歷史是方法上的一部分。

　　從十九世紀整個的發展，德國民法就是在 Savigny 影響下，延
後了至少半個世紀，當德國統一以後才開始起草《德國民法典》。
《德國民法典》第一個草案出來以後，有很多學者反對，包括日

---

[5] Savigny, F. C., *Of the Vocation of Our Age for Legislation and Jurisprudence*, trans. by Hayward, Littlewood & Co., 1975.

[6] Savigny, F. C., *The History of the Roman Law during the Middle Ages*, trans. by Cathcart, Hyperion Press, 1979.

[7] Savigny, F. C., *System of the Modern Roman Law*, trans., Hyperion Press, 1980.

耳曼的歷史法學家，像 Gierke。因此德國再組成第二個民法典起草委員會，研究十多年後，真正的德國民法到一九○○年開始實行，在法義理學上又開啟了一個新的里程碑。所以《查士丁尼法典》、《宗教法大全》，還有十八世紀的《普魯士邦法典》，到十九世紀的歷史法學的產物──《德國民法》，可以算是西方在法律科學上幾項具里程碑意義的發展。

　　在一九○○年開始實行德國民法之後，到今天似乎沒有太大的法典化運動，美國曾經一度有法典化的運動，譬如像路易斯安那州（美國都是不成文法，只有這個州是法國的殖民地，行法國法）、紐約州，但那都是比較零星的運動，跟前面講的幾個法典化無法相提並論。

四、實證法學

(一)十九世紀，Austin，主權者命令

　　在思想上，十九世紀初開始有法實證主義（legal positivism）的出現，Austin 的主權者命令（sovereign command）論，主張法律是主權者的命令，他試著要建構一般的法律理論，但是從法義理學上來講，其實他的目的、出發點是有相當程度法義理學的考量。從哪裏可以看出呢？Austin 是 Bentham 的學生，曾在德國歷史法學蓬勃發展的時候到德國去，他從德國帶回來一堆這種概念建構的法學方法的書。所以似乎可以這麼看，他認為 Bentham 是繼 Bacon 之後第二個英國鼓吹法典化的人。可是 Austin 不認為要靠法典化來改善英國的法律，他認為重要的是法律用語要明確，英國每個法律人使用自己的語言，那是英國法律紊亂的根源，所

以他到德國學了一年回來，他其實要帶動的是：希望每個法律概念能夠像德國一樣有清楚的界定，第一個要界定的就是「什麼是法律？」。他界定法律是主權者的命令。我們把 Austin 奉為實證法的鼻組。

(二)一九六〇年代，Hart，法律概念，規則論

法義理學其實有一段很長的時間，在法實證主義的發展階段沒有太多的建樹，一直要等到一九六〇年代 Hart 的法律概念（concept of law）出爐[8]，裏面提出了「規則論」。這時候有一個很特別的現象是：他不見得直接談法典，法典是將法律直接注入在法律實務規定裏面，讓法律背後有一定的條理。簡單的說，Hart 專注於法理學，他認為法律是有一個組織的。什麼樣的組織？是一個規則的系統。所有授與權利、課與義務的，他稱為「主要的法律規則」，除此之外，在高度發展的社會，還有次要規則（secondary rule），包括裁判的規則、變遷的規則，什麼樣的法律可以變得有效，怎樣的法律變得沒效。次要規則不直接規定權利義務，卻也是現代社會中對於法律的發展有很重要影響的規則。最重要的次要規則就是所謂承認規則，法律人如何建構出受他拘束、接受的法律規則。他的規則論提出了法律背後的一個架構。

(三)一九七〇年代，Dworkin，原則論

美國的 Dworkin 批判 Hart 規則論的架構，他認為規則論裏面忽略了法律中間還有一個很重要的原則。所以就法理學來講，Dworkin 認為法律除規則外，其實仍有很多原則。簡單的案子都是用「規則」來解決，過去做出判例時曾經援用過的規則，可以直接引用來解決這項個案，這基本上是規則的運作。但他認為除規

---

[8] 中文翻譯，見許家馨、李冠宜，《法律的概念》，北京：商周，2000。

則外，還有許多困難案件（hard case）需要用「原則」的論證來解決。原則並不是像《普魯士邦法典》或者是《拿破崙法典》，可以有一個很嚴謹的、有層次的結構。所以簡單的說，它沒有辦法從一個最高的核心價值發展出法律原則及規定。可是我們還是很重視法律基本原則，原則跟原則之間不見得有高低層次，形成類似傳統上法典的結構，它們是彼此掛在一起的（hang together）。這是 Dworkin 的原則論。

由歷史演進觀之，可以看到在實務面還是用傳統的法典，可是在法典之外，有越來越多的立法，這是一個新的發展；第二個發展就是法典在過去都是民法典，所有的法典化都是民法典的法典化，可是十八、十九世紀以後有公法的出現，而且二十世紀以後，在合憲性控制方面的發展，其實真正法律形成體系是靠憲法作為解決法律之間的衝突，所以 Dworkin 的原則論也告訴我們，現在社會憲法裁判上的困難案件，包含了價值判斷的原則論證，但法律原則之間，並不認為需要進一步形成結構嚴謹的層次關係，從這裏可以看到現在法律體系的圖像，跟過去已經有很大的差別了。

五、社會法學

最後一波是所謂社會法律思想（sociological jurisprudence）的發展，基本上是在十九世紀中後期，一方面社會科學興起，另一方面工業革命帶來了複雜的社會，快速變遷的社會，法典其實是格格不入的，跟社會脫節越來越遠。典型的例子是一九〇〇年德國開始施行德國民法，在那時候德國有一個「自由法律運動」出現，因為德國民法跟當時的德國社會，尤其工業化以後的社會，

事實上是有很大的距離，所以自由法律運動呼籲法官要自由造法，從法條出發，不要在法條給定的框架裏面找答案，那個框架是歷史的產物，當時的社會已經遠遠超過由歷史發展出來的體系。這是典型社會法律思想的主張，它算得上是國家法律的一項制衡，反對國家法律的獨斷。

社會的法律思想起先是一種比較批判性的力量，批判成文法太強了、太壟斷了，就像 Kelsen 所說：所有的習慣都不是法律，還說：法律社會學不是法學，法學要研究的是從各個規範的上位規範一直到基本規範，換言之，所有規範所形成的規範架構、規範體系才是法律人要研究的對象，法律社會學是社會學，習慣不是法律，這種主張我們稱為「剛性的法實證主義」。到了 Dworkin 已經可以稱做「柔性的法實證主義」，已經不再嚴格的區分法律跟道德。

(一)Teubner，自發性法律

二十世紀後期的發展，應該不太能稱為歷史，因此以下的觀察純屬個人的研究心得，嚴格說來不能算本次討論的主題範圍，只是對於未來可能具有前瞻的意義，所以提出來謹供參考。

個人覺得，真正社會的法理論對法義理學提出一套自己的架構要從 Teubner 開始。他在一九八〇年代提出自發性法律（reflexive law）的概念[9]，從 Luhman 系統論，Habermas 的溝通行動理論，以及 Selznick 回應型法律（responsive law）的想法出發，Teubner 基本上是把這三種法律理論融合成他的自省的法律（reflexive law）。他認為過去傳統把整個法律規制看成是一個平面的想法，跟社會現實已經不相符合。換句話說，有許許多多的自律（self-regulation）

---

[9] Teubner, G., "Substantive and Reflexive Element in Modern Law," in *Law and Society Review*, 17, 1983, p.239.

是需要重視的，應該要把自律納入到整個法律的架構裏面來。所以他的訴求就是國家法律應該不要去做實質的規定，就像 Hart 有關人民權利義務的主要的法律規則，國家法律不應該直接規範。國家法律應該創造一個人民自律的環境，讓人民自己訂定出他們的規範，訂立出他們自己的實質權利義務的決定，這是自省的法律的核心精神。簡言之，每一個法律形成的環節都要對其他環節開放，這叫做反求諸己（reflexive），所以他認為自律團體的內部要有一個架構（structure），這個架構應該是能夠充分代表這個團體之外的其他團體對它的訴求。

(二)Jean Cohen，自律的規則

最後值得介紹的是 Jean Cohen，她試圖從自省的法律發展出新的法律典範，她是女性主義者，美國哥倫比亞大學政治系教授，她也長期研究包括 Habermas 在內的政治哲學以及私密的問題，在二〇〇二年她出了一本書，叫《私密的規制：一個新的法律典範》[10]，本講次最後針對此書做一個比較深入的介紹。我認為這項理論對未來具有啟發性。

■自省

首先 Cohen 認為，所謂法律典範（Legal Paradigm）是指，"relationship the law should establish between the state and society and the form of legal regulation"，即國家跟社會的法律關係以及法律規制的形式。

換句話說，實證主義非常忽略社會的法律建構、社會的自律，各種自律的團體也有許多規範，就像台大的學生自治組織也有些規章，在法實證主義中根本不認為那是法律，也不是法律人要研

---

[10] Cohen, J., *Regulating Intimacy: A New Legal Paradigm*, Princeton University Press, 2002.

究的對象。可是以 Teubner 的自發性法律來講,他認為那個法律是很重要的,未來會越來越重要。簡言之,它是社會的法律的形成,社會的法律的形成才應該來決定人民的權利義務,國家法律應該要讓自律有一個空間,有一個健康的發展環境,這是自省的法律的主張。但是,Jean Cohen 進一步覺得自省的法律還是有缺點,在於忽視了自律的規則的重要。換句話說,它會流於一種私法或是單純的自律,只重視自律,而不重視自律應該要有一個國家法律的約制,並和國家法律發展出良好的互動關係。

■合創

Cohen 從 Teubner 的自省的法律出發,重視給予私領域形成法律規制的自律的空間之外,還結合另外兩個原則:一個就是 Habermas 的私自主與公自主互生的原則,叫做合創(co-original),他用這種相互促權(mutual-enabling),也就是說自律的法律續造,在社會上發展出很活潑、各式各樣的自我規律,它跟國家法律應該要有一個互生的關係,也就是說,國家法律要照顧到社會自律形成的環境,不是完全讓私人去處理(privatization),應該要有自律的規則。反過來,私的法律的創設對國家法律來講,也有促權的意義。所以從傳統的理解,我們常講法官在判案子的時候,有許多問題是法社會事實不清楚,法官是在象牙塔裏判案的,如果讓民間自律的組織先有一個發展法律的機會,它對國家法律上的決定,包括判例法的發展,有一個積極促權的作用。讓法律問題有朝一日再回到法院時,它的法社會事實是比較充分的。所以雙方彼此應該有互生性,應該要注意國家法律與自律間的互生性,這是 Cohen 新法律典範第二個強調的原則。

■法的原則性

如前所述,Cohen 反對一味私規化,把公家做的事情民營化就

結束了，有點像我們今天 BOT 突然要喊停了，也可以從這點來看。BOT 案若重視合創及法律原則，可能不是單純的私規化，它也重視自律要如何被規範。

Cohen 舉性騷擾（Sexual Harassment）這一類新興的議題為例，國家很難用一個抽象的概念、嚴格界定的語言文字把所有的類型都涵蓋進去，所以 Susan Sturm 寫了一篇文章來談性騷擾的案件，建議現在的法律應該要如何來因應這新興的問題。Jean Cohen 看到以後，認為跟她的新法律典範完全契合。

性騷擾在美國的發展，最早是思想上的對抗，女性主義者要對抗自由主義者的想法。自由主義者認為這涉及隱私，隱私是法律保障的權利，而性騷擾不見得有法律保障，所以調查有沒有性騷擾很可能首先就侵犯了法律所保障的隱私權。女性主義者透過女性主義運動，喚起了權利意識，從不保障到開始重視法律保障性騷擾。可是早期保障方式，女性主義者認為是把問題更惡化，它把男女關係更刻板的訂在法律裏面。所以性騷擾很難產生規制上的標準，如果法律要直接介入，不是「過」，就是「不及」，使得很多公司內，男女本來是很輕鬆的關係，到後來彼此都很怕動輒得咎。所以在美國確實有一個合乎新典範的作法，就是最高法院確立了不得性騷擾的原則，但是從來不告訴大家如何才符合這個原則，它無法用簡單的文字去界定，是一個綜合判斷，可是最高法院宣示了不得性騷擾的基本原則，使得一般公司開始重視自律，讓自律得以啟動，但是最高法院並未實質的規定什麼情況是性騷擾，所以公司開始做自律的過程，需要很多的顧問與諮商和律師，它稱做「中介者」（intermediaries）。

新的典範，強調國家的法不要直接介入去訂定實質的法律內容、什麼情況下違法，國家的法律應該是原則性的宣示以後，讓自律進行，而國家法律仍應提出法律原則，自律要在這原則底下

去進行，不能背離這原則。在國家的實證法思想下，每天的立法越來越多，Cohen 認為這能夠更細緻的去解決現在複雜社會的許多問題。

參考文獻

許家馨、李冠宜，《法律的概念》，北京：商周，2000。

陳起行，《法形成與法典化──法與資訊研究》，台北：學林，1999。

Cairns, H., *Legal Philosophy From Plato to Hegel*, The Johns Hopkins University Press, 1949.

Cohen, J., *Regulating Intimacy: A New Legal Paradigm*, Princeton University Press, 2002.

Coleman, J. (ed.), *Philosophy of Law, vol. 1: Jurisprudence*, Westview Press, 1994.

Curran, C. E. & McCormick, R. A., *Readings in Moral Theology, No.7: Natural Law and Theology*, Paulist Press, 1991.

Dworkin, R., *Taking Rights Seriously*, Harvard University Press, 1977.

Friedrich, C. J., *The Philosophy of Law in Historical Perspective*, University of Chicago Press, 1958.

Gilmore, G., *The Ages of American Law*, Yale University Press, 1974.

Hart, H. L. A., *The Concept of Law*, Oxford University Press, 1961.

Herget, J. E., *Contemporary German Legal Philosophy*, University of Pennsylvania Press, 1996.

Kelly, D. R., *Foundations of Modern Historical Scholarship: Language, Law, and History in the French Renaissance*, Columbia University Press, 1970.

Kelly, D. R., *The Human Measure*, Harvard University Press, 1990.

Kelly, D. R., *Renaissance Humanism*, Twayne Publishers, 1991.

Kelly, J. M., *A Short History of Western Legal Theory*, Clarendon Press, 1992.

O'Connor, D. J., *Acquinas and Natural Law*, 1967.

Savigny, F. C., *Of the Vocation of Our Age for Legislation and Jurisprudence*, trans. by Hayward, Littlewood & Co. 1975.

Savigny, F. C., *System of the Modern Roman Law*, trans., Hyperion Press, 1980.

Savigny, F. C., *The History of the Roman Law during the Middle Ages*, trans. by Cathcart, Hyperion Press, 1979.

Schulz, F., *Principles of Roman Law*, translated from a text revised and enlarged by the author, by Marguerite Wolff, The Clarendon Press, 1936.

Schulz, F., *History of Roman Legal Science*, The Clarendon Press, 1946.

Strömholm, S., *A Short History of Legal Thinking in the West*, Stockholm, Sweden: Norstedts, 1985.

Teubner, G., "Substantive and Reflexive Element in Modern Law," in *Law and Society Review*, 17, 1983.

Viehweg, T., *Topics and Law: A Contribution to Basic Research in Law*, with a foreword by W. Cole Durham, Jr., Frankfurt am Main; Berlin; New York: P. Lang, 1993.

White, E., *Patterns of American Legal Thought*, Lexis Law Pub., 1978.

Wieacker, F., *A History of Private Law in Europe*, trans. by Tony Weir, The Clarendon Press, 1995.

第八章

在法律中看見性別，在比較中發現權力

——從比較法的性別政治談女性主義法學

陳昭如

學歷：美國密西根大學法學博士

現職：台灣大學法律系助理教授

研究專長：女性主義法學、法律史

演講日期：2005 年 12 月 12 日

*本演講內容之完整論文發表於《律師雜誌》，第 31 期，頁 61-72（2005）。

一、美國女性主義法學的兩度相遇

　　我想從美國女性主義法學的兩度相遇開始談起。第一度的相遇是文字的相遇，我從大學時代開始就對女性主義理論感到興趣，而女性主義法學的根本思考就是從底層出發、從生活中出發，發現法律當中的性別權力關係，法律如何創造、反應、形塑、強化，甚至可以用來改革在社會當中性別不平等的關係。在台灣的女性主義理論幾乎絕大多數都是美國的理論，不管是從文字上或是影像上，這些都是非常抽象的存在，而且滿能夠思考台灣的現象。而到美國之後，就是一種現場的相遇，從實際的上課經驗及與法學界或非法學界的女性主義者往來，這樣實地遭遇的經驗與文字上所認識的理論有很大的不同，當我們從文字上去認識女性主義，我們比較難看到其中的權力關係；當我從文字上閱讀時，我認為這些理論似乎可以用來解釋台灣社會，但是當我到美國讀書，發現自己成為被解釋的客體時，這種感覺很不一樣，從中發現主客體的關係。當我的老師或同學們知道我的興趣是「從女性主義的觀點來分析台灣社會」時，最經常碰到的問句是：「台灣的女人被壓迫得有多慘？」

　　在台灣，我們要去改革女性主義時，我們當然會去批判法律的不公平、社會的不平等，因此我們需要改革，但在美國，我卻無法義正詞嚴的說：「沒錯，我們受到壓迫，我們的法律有多麼不公正。」在美國，我變成一個被分析的客體，因為他們是從由上而下的眼光，來看所謂的第三世界或是非西方國家社會的性別壓迫有多糟糕。從這中間我所看到的權力關係是，西方國家會問我們社會對女性的歧視情況，但我們卻不會去問西方社會對女性的

歧視情況，我們通常會問的是，你們有什麼進步的立法可以讓我們學習。從這個例子可以說明，在跟美國女性主義法學現場的相遇中，做為一個非西方社會的女性主義者，我對於這些西方主義理論，恐怕不能夠再用以前那樣的眼光來看待，雖然在以前的學習當中，也會去讀第三世界國家，比如說 Mohanty 的〈在西方眼光凝視之下〉（Under Western Eyes），但當我閱讀文字時，沒有現場經歷那樣的體會。

二、比較法的兩種待遇

比較法遭受到兩種待遇的現象不只存在於法學界，但在法學界是非常明顯的。不論是法律系的教科書或是大法官解釋，可以發現，比較法或是外國立法往往占據了非常重要的角色。一篇被認為是好的學術作品、好的大法官會議解釋或是好的立法，不可能沒有引用外國學者的看法、外國的立法議題，而且，這邊所講的外國，是特定的外國：例如，德國、法國、美國（特別是在憲法的領域）。似乎一篇好的文章、好的立法，沒有這些比較法的參照，它的價值就大為減少。在台灣的例子中，特定國家的比較法，被奉為上賓，而美國的例子則剛好相反，在許多的聯邦判決當中，有引用外國或者比較法的例子，屈指可數。這不只顯現在美國聯邦最高法院的見解當中，在二〇〇三年兩個非常特別的判決，一個有關種族，一個是關於同志（同性戀）的判決，聯邦最高法院都引用了比較法，包括了歐洲人權法院的見解。引用比較法在我國被認為是非常的理所當然，但美國聯邦最高法院在這件事上受了非常大的抨擊，被認為為什麼拿非美國的理論來評論美國的事情。此外，在美國法學的研究作品中也可以發現，不管在講的例

子是否跟美國有關,在這些法學界的作品當中,非常少去引用非美國的例子、理論或者是作品。如果有被他們引用到的,通常是其他所謂西方進步國家的理論或者是例子,不過這些是非常少的,是被棄如敝屣的。因此我們需要去思考的一個問題是,為什麼同樣是比較法,在這兩個不同的社會中,一個看得非常重,另外一個卻是非常輕,到底為什麼會有這樣的狀況?我們可以用「法律東方主義」來思考這樣子的輕與重的不同待遇。

三、法律東方主義的思維陷阱

Edward Said 的《東方主義》(*Orientalism*)[1]大家應該耳熟能詳,而所謂的法律東方主義意指在法律領域中知識建構的權力政治,在這種權力政治的建構底下,有一個世界的法律被建構為是比較進步的、具有普同性的、該被其他國家學習的;而另外一個世界,是需要向前者那些國家學習。在這樣子的法律東方主義底下,它所形成的一個指導跟學習關係是:非西方世界必須向西方世界學習,也因此回到一開始所提到的女性主義法學的相遇經驗時,可以很明顯的發現,在女性主義的法律改革或是女性法學的研究當中的一個指導和學習的關係,也是為什麼當女性主義者來到台灣的時候,我們要跟她學習。而我們看不太到西方女性主義者來台灣跟台灣學習,但我們看到很多包括我自己在內,到西方世界取經、跟他們學習的這樣一種權力關係。

---

[1] Said, E., *Orientalism*, New York : Pantheon Books, 1978.

四、性別東方主義的法律上展現

　　而這樣一種權力關係有什麼問題呢？我認為它是一種所謂的「性別東方主義」在法律上的展現。批判西方女性主義非常有名的理論家 Mohanty 的〈在西方眼光凝視之下〉[2]，是第三世界女性主義非常經典的作品。性別東方主義建構了一種權力關係，讓這些非西方社會置於西方國家眼光的注視之下，而所謂的「被凝視」意味著「由上而下的觀看」，會造成什麼樣的性別政治狀況呢？我想從幾個女性主義的邊緣自我批判開始談起，因此我也想要強調的是，在這邊所批判的美國女性主義法學，也有內部的自我批評的爭議，就像台灣的婦運團體或是研究者經常把西方理論當成是一個需要被學習對象的時候，也需要自我的批判。

　　Uma Narayan 是一個政治哲學家，她指出一個論述上的問題——「因為文化而死」（death by culture），她所提的例子是，印度有所謂的「寡婦謀殺」，這樣子的行為不管是在法學界也好，在性別研究界也好，都被當成是一種非常性別歧視的社會文化習俗，被認為應該要被保障被改革，但卻沒有否定性別歧視這一點。但我們若是把印度的「寡婦謀殺」跟美國家暴的性別暴力的謀殺加以比較，會發現同樣是殺害女性的行為，但在性別研究理論裏，對待這兩種殺死女人的方式很不一樣，在前面印度寡婦謀殺的例子裏，她們被認為是因為落伍的文化習俗而被殺害，但是在美國因為家暴而殺妻的例子裏，並不被認為是因為落伍的文化而被殺

---

[2] Mohanty, C. T., "Under Western Eyes: Feminist Scholarship and Colonial Discourse," in Chandra Talpade Mohanty et al. (eds.), *Third World Women and The Politics of Feminism*, 1991.

害，而是被認為是這個社會的行為偏差的結果，所以一個跟文化有關，一個跟文化沒關。而這樣一種看待性別暴力不同的方式，是有問題的：為什麼美國社會的性別暴力沒有文化的因子[3]？

　　Leti Volpp 是一位法學家，她檢討了一些在美國刑事案件中用文化來做為辯護（cultural defense）的例子，意思是把一些犯罪行為用文化的理由來加以正當化。譬如說一個中國籍的丈夫因為他的妻子通姦，因此把他的妻子殺害，而為他辯護的律師則主張，因為中國文化無法容忍妻子紅杏出牆，所以他才會有這麼憤慨的行為把他太太殺害，這是有文化理由的，因此他的行為必須被置於文化脈絡下來理解。另外一個例子是遭受家暴的亞洲女性帶著小孩一起自殺但自己存活的案件，為她辯護的律師也說是因為文化的原因，因為移民然後在孤單的情況下，非常無助，因而在她的文化下，她會想要離開、結束自己的生命，但因為不能丟下小孩子不管，所以才選擇一起自殺。Volpp 認為像這樣子用文化來幫行為辯護的例子，背後經常隱藏了一種危險性，把一些壞的行為歸諸文化的理由，但是同樣的，有一些壞的行為我們並不會用文化去解釋，因此要批判的是，我們為什麼選擇用文化去解釋一些壞的行為。她得到了一個很有趣的結論，第一種中國丈夫因為文化的理由而去殺害妻子，這種理由是不太能夠容許的，但是在第二種情況她覺得比較能夠被容許，因為我們必須要瞭解，在這兩種不同的文化脈絡底下，到底誰是被害者？誰在那樣的情況下還有主體能動性能夠被決定她／他要如何抵抗。因此我們必須要用脈絡化的方式，來看這種以文化來辯護的行為，避免把所有的壞

---

[3] Narayan, U., "Cross-Cultural Connections, Border-Crossings, and 'Death by Culture': Thinking About Dowry-Murders in India and Domestic-Violence Murders in the United States," in Uma Narayan, *Dislocating Cultures: Identities, Traditions, and Third World Feminism*, 1997, pp.81-118.

行為都歸諸文化的作法[4]。

五、女性主義 VS. 多元主義？

　　從這些案子的檢討裏面，Leti Volpp 也歸納出很多種危險的狀況，即女性主義與多元文化主義之間似乎形成了一種對立的關係。多元文化的內涵為尊重各個文化的自主性，但卻易陷入兩難：有多元文化就沒有女性主義，或有多元文化就沒有性別平等，因此在美國女性主義邊緣的自我批判裏面，很關鍵的部分在探討到底是否存在女性主義和多元主義的對立？從 Leti Volpp 的說法裏，認為我們必須嘗試去瞭解每一個社會都有它的文化，沒有哪一個社會的文化是比另一個社會的文化更歧視，只是型態不一樣而已。

　　Iris Young 認為當我們在思考壓迫時，往往會出現一個「排序題」或者是「選擇題」，會面臨到如同「是階級壓迫比較嚴重、還是性別壓迫比較嚴重的問題」，她認為必須要跳脫出這種排序或選擇的困境，去思考壓迫的不同型態，而不是壓迫的程度，並提出五種理解壓迫的面貌[5]。而 Leti Volpp 也認為要去思考不同國家社會及不同型態下不同的樣貌，而不是去排列比較嚴重的程度[6]。

---

[4] Volpp, L., "(Mis)Identifying Culture: Asian Women and the 'Cultural Defense'," in *Harvard Women's Law Journal* 17, 1994, pp.57-101.; "Talking 'Culture': Gender, Race, Nation, and the Politics of Multiculturalism," in *Columbia Law Review*, 96, 1996, pp. 1573-1617.; "Blaming Culture for Bad Behavior," in *Yale Journal of Law & Humanity*, 12, 2000, pp. 89-116.; "Feminism vs. Multiculturalism," in *Columbia Law Review*, 101, 2001, pp.1181-1218.

[5] Young, I., *Justice and the Politics of Difference*, Princeton, N.J.: Princeton University Press, 1990.

[6] Volpp, L., "Feminism vs. Multiculturalism," in *Columbia Law Review*, 101, 2001, pp.1181-1218.

Brenda Cossman 在研究印度法及家庭意識型態時提到,如果我們認為原來那種思考女性主義法學的方式(用美國女性主義的社會套用在印度社會)是有問題的,那我們要如何去對抗這種理論霸權呢?她認為我們可以換個方式來想問題,反問美國或西方社會有何特殊性?在這個意義上,我們已經在試圖顛倒這之間的權力關係了[7]。

六、關於她/他們的文化

面對這樣子不平等的權力關係,我們要如何去因應?首先,我們可以從過去以西方的法律看我們的文化的方式,換個角度來質問西方的文化跟思考我們的法律。在看待西方社會法律的文化性時,舉例而言,在檢驗性別歧視的時候,經常會碰到程度的比較之別,而我們必須要留意到的是:誰被檢驗和誰不被檢驗本身就是一種性別政治。從聯合國的人權報告書中,可發現被調查、被檢視的通常是非西方社會國家,而西方國家卻很少被檢查。這背後代表著很多意義。例如被普遍視為最根本也是批准國最多之一的人權公約——「消除對婦女一切形式歧視公約」(Convention on the Elimination of All Forms of Discrimination against Women, CEDAW),但美國卻是極少數沒有批准的國家。因為美國國會認為檢視美國性別歧視最高的標準應該是美國憲法,而不是一個外在於美國的國際人權公約。此外,CEDAW 公約之所以有這麼多批准國,其中一個原因在於它對「保留」的限制是非常曖昧的,幾

---

[7] Cossman, B., "Turning the Gaze Back on Itself: Comparative Law, Feminist Legal Studies, and the Postcolonial Project," in Andrien Wing(ed.), *Global Critical Race Feminism: An International Reader*, 2000.

乎可說是無限制，使得 CEDAW 公約喪失機能。從保留的名單及保留的內容來看，非常多的西方國家在它們批准的時候做了很多保留，因此可以看出，CEDAW 的性別政治除了表現在各國的批准與否外，還包括在批准時做了哪些保留，誰的保留被檢視，誰的不被檢視。

在女性主義跟多元文化對立關係的檢討上，有個著名的論戰 "Is multiculturalism bad for women?"。在這個論戰中，有人指出，為什麼我們會認為在中東的社會裏要求女性包裹頭巾、戴面紗是一種性別歧視的文化，但在西方流行文化中，覺得女性穿迷你裙、穿高跟鞋是漂亮、是好的，而不被當成一種性別歧視？在現代社會中，高跟鞋、迷你裙被視為是時髦的象徵，但披上頭巾、戴面紗則被視為是落伍的？這些都跟文化無關嗎？除此之外，在美國，「墮胎」一直是一個很受爭議的議題，到底"pro-life"（主張墮胎不合法）？或是"pro-choice"（主張墮胎合法化）？而一般都被放到法律的層次做解釋，是要保障「生命權」，或是要保障「隱私權」、「身體自主權」上做討論，但這樣的法律論證沒有文化性嗎？若是與文化無關，為何這個純粹的法律問題會在美國社會引發這麼多爭議，甚至總統候選人要被檢視對「墮胎」的觀點。因此，可以得知，女性主義法學是有其文化性的。

另外，在姓氏的問題上，行政院法規會曾經通過了民法一〇五九條草案，規定子女姓氏由父母親協議，若協議不成則由法院裁定，或者是抽籤決定。而這樣一個性別歧視的規定，和民法親屬編其他的條文相較，一直要到最近才呈現出較高的修改可能性，其實主要就是因為文化的關係。同樣的例子，在美國社會是很少被討論的，縱使各州都不強制規定要從夫姓，但大多數的女性在婚後都會從夫姓，因為姓氏被用以辨識兩人是否有夫妻關係。而台灣社會，女性實際上不被要求強制要冠夫姓，甚至在民

法親屬編修改後,丈夫也可以選擇冠妻姓,而這樣冠夫姓的行為也往往被視為是一種愛的表現,只是反過來,為什麼不會要求男性也冠妻姓來表示愛意?因此,我們可以發現,冠姓理論上很自由,但實際上我們卻很少實踐。雖然這樣的舉動看起來很傳統,但在美國,幾乎絕大部分的女性婚後都會改姓,女性主義者也是。因此,再回到前面那個「進步」與「落伍」的邏輯中,到底誰比較進步?誰比較落伍?

在扶養的性別政治上,同樣也是在美國女性主義法學界上很少被討論到的,而通常的情況是女兒在扶養,不管結婚與否,然而在台灣的狀況是,雖然法律上規定作為直系血親卑親屬的扶養義務人是不分性別的,但扶養卻通常被預設為是兒子的義務,而且可以發現實際在照顧者卻往往是兒子的太太——媳婦——扮演了扶養的角色,若是媳婦自己也有長輩要扶養,則變成必須要兩頭跑,或者是偷偷摸摸的,因此,女性通常是扮演照顧者的文化性必須被看到。

七、女性主義與多元文化的性別政治

Martinez v. Santa Clara Pueblo 是一個非常經典的案例。Martinez 是一個北美原住民女性,她的部落在一九三九年時訂了一個規定,部落裏的男人與外族通婚,所生的小孩可以具備部落成員的身分,但如果是部落裏的女人與外族通婚,則小孩並不具備部落成員的身分。而 Martinez 的情況就是如此,她與外族通婚所生的小孩一直住在部落中,也說部落的語言,但因為此規定而無法獲得族群的身分認同,因此她一直在部落內爭取修改規定,因為那樣並不平等,但並不被接受,於是她去向美國聯邦法院控告

部落的規定違反性別平等保障，然而這樣的行為被部落的人批判與責難，因為他們好不容易爭取到自主權，可以自行制定法律，但 Martinez 卻又反過來向聯邦法院控告部落的自治法規無效，因此 Martinez 的行為被視為是對部落的背叛。這裏的問題在於，要把這個案例視為是性別平等的問題，還是要保障部落自主權？這又回到之前所提的女性主義與多元文化的戰爭。面對這樣的問題，聯邦法院的回應是它們沒有權力管轄，因此，這個案件就被擱置，也沒進展。因此，可以看到，女性主義法學跟美國社會本身多元文化的對立關係，必須從文化的脈絡來理解。

其次是要從歷史中去觀察我們自己的法律。然而我們要正視的問題是，當我們在發現「傳統」、發現「文化」時，到底是誰的傳統？誰的文化？從剛才 Martinez 的例子，我們可以反思台灣原住民身分認同的問題。原住民是唯一在法律中有明文的族群身分的人，因此父母為原住民與非原住民之間的小孩如何認定他的族群別？從 Martinez 的案例裏，女性主義關注的不是男性的小孩被承認，而女性的小孩不被承認的差別待遇本身，而是關注在這樣差別待遇背後的權力關係——男性——擁有可以劃下這樣的差別界限的權力。

同樣的，在二○○一年原住民身分法通過前，一直採用父系主義的原則：男性的原住民才有資格把他的原住民身分傳給下一代。直到原住民身分法通過後，對於原住民與非原住民所生的子女，法律規定不管是男性或是女性原住民，只要小孩子是採用原住民一方的命名方式，便可取得原住民身分。但不要忽略，這樣的政策設計仍然是基於一個漢族的本位思考，假設了原住民社會都是母系社會。因此，我們可以思考，就算我們用了一種比較性別平等的方式來解決，還是會面臨到一些困境。

另外一個可以思考的就是「繼承」問題，在民法繼承編規定，

繼承是不分性別的,兒子跟女兒享有相同的繼承權,但在實際上也可以發現有非常多的女兒沒有繼承財產,而這樣的狀況通常被解讀為女性不瞭解她們自己的權益,主要是由於傳統父系社會的影響力非常強,導致縱使有法律的規定也無法實現。通常不被注意到的是,被當代繼承法所排斥在外、被認為是屬於我們傳統文化的祭祀公業,祭祀公業不被民法繼承編所直接規範、並造成非常大的爭議。最大的問題在於女性能不能繼承祭祀公業的財產?我們的法院比較站在肯定傳統的觀念,排除女性的祭祀公業繼承權,除了女性有祭祀本家的祖先外不得繼承派下資格。因此,同樣的要去思考的是,什麼是我們的文化、我們的傳統?如果要尊重傳統,是否意味著女性要放棄祭祀繼承權?若是認為平等比較重要,是否意味著要否定傳統?又是一個女性主義與多元文化的難題。

另一個是在台灣非常少被談論到的「媳婦仔」的例子,而這個名詞對於西方社會而言,是難以被理解及定義的,因為這並不是所謂的「收養」也不是「婚姻」,也不能結合起來解釋,因為身分可能會變動。一個小女孩被抱去當「媳婦仔」,她有可能後來變成養女,也有可能會再被轉送出去,因此她的身分是流動不定的。戰後的台灣,大法官會議以釋字第五十八號解釋,合法化、正當化「媳婦仔」婚姻,認為「媳婦仔」婚姻在結婚關係的那一刻起便中止了收養關係,因此不違反禁婚親的規定。這是尊重「傳統」的表現,但平等嗎?我們可以換一個角度思考,在「媳婦仔」的關係裏面,經常發展出類似於離婚後的子女關係,也就是多重的父母子女關係,而我們現在的法律只願意承認一元的父母子女關係,我們可以一方面去瞭解這種文化實踐的脈絡,另一方面又可以試圖去追求平等,即承認這種多重的子女關係。現今離婚後的子女關係也一直受到衝擊,如探視權的發展,便是某種程度上承

認多重子女關係。因此，從最「古老」的「媳婦仔」議題，到現今最新興的生殖科技的議題，到中間的離婚後子女監護的議題，可以發現，多重的父母子女關係是有可能的，也能讓這種關係變得比較平等。

因此，在女性主義以及比較法的權力政治反省底下，我們有什麼可以突破的可能性？嘗試去發展批判性的女性主義比較法是很重要的，應當從關心西方法學的進步性跟我們法律的文化性，移轉到另一種觀察的面向，去尋找他們法律的文化性、在地性，以及「我們的法律」的可能性。有幾點是可以做的，首先，不應該去比較性別歧視的程度，而應該去發掘性別歧視不同的樣態，重要的是去發掘台灣社會性別歧視的樣態是如何。因此，要從歷史的角度去思考，發掘那些沒有被忽略的本土經驗。此外，考察西方法本身文化性的存在，當我們做到這兩點時，才有可能「拆解」那種二元對立的關係，而不把我們與他們視為是同質性的。因此，我們才有可能去思考在地的性別平等及在法律的性別平等的可能性，甚至去拆解在西方法下把財產繼承與祭祀分開的情況，按照性別平等的理念去加以重新聯結，但是又加以改造。這是一個困難的功課，但是卻是一個需要去做的功課。

參考文獻

Cossman, B., "Turning the Gaze Back on Itself: Comparative Law, Feminist Legal Studies, and the Postcolonial Project," in Andrien Wing (ed.), *Global Critical Race Feminism: An International Reader*, New York: New York University Press, 2000.

Mohanty, C. T., "Under Western Eyes: Feminist Scholarship and

Colonial Discourse," in Chandra Talpade Mohanty et al. (eds.), *Third World Women and The Politics of Feminism*, Bloomington: Indiana University Press, 1991.

Narayan, U., "Cross-Cultural Connections, Border-Crossings, and 'Death by Culture': Thinking about Dowry-Murders in India and Domestic-Violence Murders in the United States," in Uma Narayan, *Dislocating Cultures: Identities, Traditions, and Third World Feminism*, New York: Roubledge, 1997.

Said, E., *Orientalism*, New York: Pantheon Books, 1978.

Volpp, L., "(Mis)Identifying Culture: Asian Women and the 'Cultural Defense'," in *Harvard Women's Law Journal*, 17, 1994.

Volpp, L., "Blaming Culture for Bad Behavior," in *Yale Journal of Law & Humanity*, 12, 2000.

Volpp, L., "Feminism vs. Multiculturalism," in *Columbia Law Review*, 101, 2001.

Volpp, L., "Talking 'Culture': Gender, Race, Nation, and the Politics of Multiculturalism," in *Columbia Law Review*, 96, 1996.

Young, I., *Justice and the Politics of Difference*, Princeton, N.J.: Princeton University Press, 1990.

第九章
全球化下財經刑法之發展

陳志龍

學歷：德國法蘭克福大學法學博士

現職：台灣大學法律學院教授兼刑法研究中心主任、歐盟法研
　　　究中心主任

研究專長：刑法總則；刑法分則；刑事訴訟法；刑事執行法；
　　　　　刑法與法社會學專題研究；刑法實例演習；刑法思
　　　　　惟方法；德國刑法思潮；金控公司與併購犯罪；經
　　　　　濟管制與財經刑法；合資金融控股與財經犯罪；金
　　　　　融監理與財經犯罪；國家發展與財經刑法；國際財
　　　　　經刑法

演講日期：2005 年 12 月 14 日

一、前言

　　我想這個「全球化的法律發展」課程，非常謝謝顯武兄有此高瞻遠見，能設計此課程，很榮幸地受他邀請來跟大家來共同研討「全球化下財經刑法之發展」，在此有很多問題，但限定要在一個小時內提及要點，剩下的時間則供研討，其實要講的話一天也講不完。關於今天的主題，第一個部分涉及語言部分，即牽涉到財經刑法與財經犯罪、全球化經濟諸問題，以及在全球化經濟中我們扮演什麼樣的角色；而第二個部分，即財經犯罪與財經刑法的問題。

　　一般而言，所謂犯罪與法律，不能不提及者，即法律領域大抵分成三個領域，就是民法、刑法、行政法，在國內大家講「財經法」，但不是獨立的法領域，也不是納入「行政法」中，真確地講，其實應該是涉及民法、刑法、行政法三個領域都有，就是它有財經民事法、財經刑法、財經行政法，這才正確。其實國內很多法律領域，還沒有發展出來其客觀規則，所以國家就因而一直在亂，就是因為法律有亂象，國家有亂象，所以才要國家發展針對此而為研究，國家亂的原因是因為沒有法律，其實在我們國內也沒有精確方向的司法，因為我們的司法體系並不知道要往哪個方向改革，所以就呈現亂象，因此這時候才更需要我們大家的努力。

二、財經犯罪與財經刑法

　　至於財經犯罪的本質，與一般犯罪有何不同？我想打個比方說，一般的犯罪就像一般感冒，只要適當處理，過一陣子就好；而財經犯罪有什麼不一樣？財經犯罪是跟組織有關的，如打比喻的話就好像癌症，癌症的話，涉及細胞組織，但如果提早預防就不會繼續惡化，如果沒有的預防或治療話就會繼續惡化，最後只好跟它共存亡，對這部分的基本認知，國內是比較少討論的。

　　我們看一下財經犯罪的行為人類型，其行為人起碼有五種：商人、公務員、民代、記者之外，如沒有流氓也絕對不行，所以一定會有黑道。一定是由商人出面，公務員暗中幫忙，而由流氓排除革命障礙，至於民代則修改遊戲規則，立下汗馬功勞，作馬前卒角色，而記者幫他宣傳「財團帝國」的建國理念，但是最後如果出事，被抓出來的大概都是商人，或是少數幾位官員，至於那些記者沒事，民代沒事，所以我們看到議會中有些民代在批評商人，其實他是藉此賺錢。所以財經犯罪是一個集團式的犯罪，你要抓犯罪人，一定要五種人都抓，但是國內因檢調認知不足，都沒有以這組織犯罪模式去辦案。所以看一下國內的報導，抓那個小財經犯罪只為了兩百多萬，但我們設一個偵查犯罪組織機構，預算不亞於兩、三千萬在那裏，其任務只是抓個二十萬、三十萬、兩百多萬的小型犯罪，總金額加起來根本不夠成本。因而，有人就成本考量，認為乾脆就送給他們好了，或者乾脆不要抓，因為抓的貪瀆犯都是低級公務員，有的甚至不是公務員，而是裏頭的臨時約聘人員，當然這是假象。亦即，我們抓的不是經濟犯罪，而仍是普通的財產犯罪。

關於「財經犯罪」的原因大概有個：第一個是不負責，第二個是缺乏監督。財經刑法到底目前有沒有「有效性」，最主要的癥結在於：人民不知道什麼是財經犯罪，也不知道如何監督，亦沒有有效監督等等，在在有其困難。

三、財經辯證、公司治理缺失與法秩序無力 規範

其次涉及的是「辯證整合術」的問題，即民法學者慣採行的新黑格爾辯證學，透過正反合的辯證，異中求同，讓其向上提升，而避免向下沈淪，換言之，在向上提升以後，就會統一一下大家的意見，所以我們講說要「向上提升」，其實這個辯證整合在政治、經濟，還有不少人寫學術論文歌頌，渠等也都用辯證這一招，像有一位先生講的「是一種思想，一種力量，融合吾國固有精華，歐美長處，加上兄弟所創見」。我們有一個政務委員，他在綠色執政時期當某個部會的主委，他的論文亦是用此種模式，而法律系有很多的論證模式，亦是辯證。財經界亦是用這種辯證模式，也就是說，我們不要針對「問題」來直接解決，而是找到大家的相同點，然後「往上提升一下」就好，再看其怎麼變化。比喻而言，就像超級瑪莉，大家會打超級瑪莉嗎？當瑪莉碰蘑菇，就會變成超級瑪莉；卜派也一樣，卜派吃了菠菜，就會變成大力水手。這是辯證說，未啟蒙的舊人類很相信這一套說法，認為只要有「權力」加持，就會變很厲害。

涉及財經犯罪，譬如說「小公司」和「敵對公司」，不論是「善意」或「惡意」的併購，因為併購就權力一方而言可以變大，但沒有權力的一方就消滅。這個可以用「併購」的問題，探討辯證

的基本思考。目前大家最常用的，其實我的資產只有百分之二十五，別人資產是百分之七十五，沒有關係，如我們合組一家「股份有限公司」的話，那小弟雖只有出百分之二十五資本，表面宣稱「不才」，但小弟就當董事長，以後你們都是我的股東，我會賺錢給你們，但這公司最後就變成我的家族公司，我的後人一直繼承下來，甚至成為「經營之神家族」，那是「以小控大」的家族公司，其持份其實現在大部分是百分之十左右，就可以操控一家公司，並且家人可以繼承產業，那正是辯證術的基本思考。

　　所以，當然有此存有「權力」與「正義」的衝突與矛盾，就是說所謂股份有限公司是「大眾公司」，應該是大家都有股東權利的一家公司，可是大眾公司竟然變成「家族公司」，這是吊詭的問題，在台灣很多。譬如說有人以收保險的為公司，結果後來保險金轉投資，那企業就是他的。不只保險，就如銀行，這一大堆金融公司的例子就是靠這一套辯證，這一套都不是靠實力，這一套主要是靠「法律」，所以法律是最可愛的，也是最可惡的，當今全球化的世界就是靠法律，法律是一個魔術，法律可以使得社會很不公平，可以讓有些人當奴隸，而有些人則當主人，這在我們的公司法、證券交易法，都承認這一套權力思維。其基本思想大家就該知道。

　　我們看一下目前的「公司法」，台灣的公司法是這樣：股東選董事，董事選常董，常董選董事長，這一套是多數決，有時候他股票不夠，就去買股票，收購股票夠了，就可以當董事長；有些更惡質的，不收購股票，而是蒐集委託書，也可以當上董事長；監察人也一樣，股東選監察人，常常是太太當董事長，先生當監察人，因為尊重女生，監察人怎麼監督董事長？無法監督。

　　所以這套制度是騙人的，在公司法領域中，可能沒有人有膽敢出來說這一套遊戲規則不好，而如果出問題的話，就引用美國

制度,就引用獨立董事進來,可是獨立董事也沒辦法監督董事長,也沒辦法監督整個公司,搞這樣一套獨立董事、獨立監察是沒用的,所以我們就在董事、監察之外,引入獨立董事、獨立監察,表面上很好,但是這是一套沒有用的制度,騙人的制度,台灣法律制度的問題就是如此吊詭。

而在美國模式下,他是股東,他選董事,他原來找執行長(CEO),但是執行長出問題,就用「獨立董事」,其是一元的監督制度,即獨立董事當監督人的角色,這樣還好。歐洲制度是採用「內閣制」的制度,股東選監察人,而由監察人中選出董事,即執政的就當董事,其他在野的就當監察人,利益是不一樣的,因而可以監督。

台灣有沒有這套制度?沒有。台灣沒有執行長,當然獨立董事就是沒有用了,而也沒辦法監督董事長,所以台灣這套制度是行不通的。我們學公司法,大都是學假的,所以為什麼法秩序沒有辦法去規範,因為我們從小學、中學、高中到大學,都沒有辦法決定我們自己,我們都是這些老師決定的,大部分這些老師是市場即得利益者,他們安排你的學生生涯,要避免有些老師失業,所以得上一些課。至於為什麼要全民英檢?為什麼不引入外國老師,而由本國老師充任,因為要避免老師失業。

整個法律制度也發生類似問題,我們沒有辦法思考法律制度到底出哪些問題,我們只能夠決定說按照法律制度的模式去走,所以這時候,誰是規則制定者(rule maker),誰是操作者,誰去控制,誰去思考?這都有問題。

目前,我們講財經秩序,全部用民法、公司法而為思維,因為這套制度主要是他們設計的,怎麼做?他們只要董事長給他們錢,讓他們當上「獨立董事」,有沒有出席公司,善盡監督職務,就靠自己決定,案件爆發反正沒有關係,因為國家設了一個投資

人保證基金，那些錢是從別人的錢拿來作「紓困」之用，不行的話，我們再用「國庫」來「保證」一下出事的危險，反正就是出事情不用公司負責人、獨立董事來負責就對了。

這個「不負責原則」，即整個制度沒有人需要負責，最後如要出錢的話，就拿國庫的，要全民買單，我們覺得有問題的是出在這裏。

我們接著討論法官，台灣法官的處境，其實是很令人同情的，他不必對《聖經》發誓，他只對「國父遺像」不曉得發什麼誓，他也不是對「憲法」發誓，所以法官不曉得為誰而戰、為何而戰，可能也不曉得要幹嘛。其實法官滿可憐的。現在更可憐，因為他們現在又存在一個監督司法的制度，律師搞了一個「民間司法改革基金會」來監督法官，可是又有誰來監督該民間司法改革基金會？法官可以監督該會嗎？有此可能嗎？

透過這種監督制度，用司改來監督法院，固然可以「防腐」，避免法官貪污等等，祛除消極功能，但是其積極的層面呢？即「司法基金會」有沒有辦法讓法官的品質提升，這是很值得思考的問題。此外，法官內部也有個「法官團體」，但誰來監督這個「法官團體」？由法官自己組成「人評會」，做內部監督。然而，這種監督機制真能盡到監督的實質嗎？這是頗有疑問的。這個就是台灣目前司法的問題之一，也反映出台灣的「監督體制」，在系統上的設計，不只是財經系統，甚至連司法系統都出了問題。

四、當前各種體系的共通問題

當前的檢察官體系亦然，即由「檢改會」來監督檢察官，所以在此套慣行的「權力結構」模式之下，法務部與檢改會的關係

就變得很重要，據觀察歷任的法務部長與檢改會的關係都很好，但也採取左右攻勢的策略（即辯證法的應用？）。所以在此又提到幾個問題：參加組織的，就必然是好檢察官嗎？如果參加組織，就提供一個「保證書」，就是好檢察官，則就很神妙了。而這個組織久了以後，就不會腐化嗎？這像任何公司如超過一定年限，通常是十年，必然會腐化。至於不參加組織者，難道就不是好檢察官嗎？那麼這監督機制可以讓檢查品質提升嗎？答案不一定是肯定的。

為什麼提這個問題？其實不管是經濟問題、政治問題、法律問題，如果我們沒有一些規則，沒有一些「客觀規則」，最後就會壞死掉。就像人體也是一個組織，如果你不去監督好，也會壞死掉。所以，我們現在談的「財經犯罪」，其實它是「組織犯罪」。我們在談，都是談組織（organization），人類可以靠「組織」為我們做某種事情，但是這個組織也可以使人類原本的真實東西遭到破壞，所以「組織濫用」是個很嚴重的問題，當其濫用我們就會涉及到犯罪的問題，我們現在只就組織的問題，提出一點體系化。

在國內都相信這個體系化，這個東西沒有人敢講，因為媒體都與這個東西結合，所以媒體也回復到這裏。這是團體、造勢等等，當然他們要獲取一些利益，有些東西我們可以慢慢跟大家講，其實大家只要看一下國外主要的財經雜誌，看一下「人事鬥爭」、「掏空公司資產」，董監事職務的爭奪，最後會發覺他們討論的問題叫做「肉粽關係」（seilschaft），這是很具象的描述。之所以稱為肉粽關係、粽子關係，因為有粽頭綁著下來，我們可以將財經領域幾個部分，看作是粽子關係，有母公司、底下的子公司、孫公司、玄孫公司、曾玄孫公司，在海外設立集團，亦即國際性跨國的公司，這是經濟的粽子關係部分。

而在政治部分，也會有肉粽關係，國家、邦、聯邦、經濟體、

政治體，也可能是國協或者是歐洲聯盟，或是什麼東南亞國協，全世界幾乎都用這種關係在跑程式，大家要知道，這就是我們剛剛講的「辯證方法」，所以人類用這招用得很厲害。

談到這一招用得很厲害，我們就要談幾個問題：「第一次資本主義」的發展，其造就了資本家，在一八〇〇年代股份有限公司開始誕生，這時就可以使得資金集中在組織上面，所以股份有限公司崛起以後，從一八〇〇年發展到現今歷經兩百多年，我們可以發現一個問題，第一次資本主義革命，是資本家與國家的對抗，那時國家用法律來控制資本家，資本家還是國內的資本家，所以資本家要靠政治人物來生活，第一次資本主義是在這種狀況下，所以國家訂了一些法律來限制這些資本家，但是現在已經不是第一次資本主義。

兩百多年來，現在已經進入到「第二次資本主義時代」，「第二次資本主義」的第一個問題就是跨國化，破除國界化，提出的核心價值，就是以「資本」為最優秀，就是「拼經濟」，這很重要，這就變成跨國的資本主義。然後國內的、各國的經濟障礙、關稅障礙等等，還有世界貿易組織（WTO）所指出的障礙，這些都要慢慢破除。我們會發現一個問題，任何一個國家，還有主導的政治人物，會發生定期的「輪替」，但是資本家幾乎沒有，越大的資本家越沒有，所以資本家掌控了經濟的命脈，而政客只不過是資本家養的一個角色，他可以養他，可以叫這些政客去修改法律，主要的例子像是，目前大家可以看出來的，智慧財產權已經完全變質，變成資本權力的工具；另外有一個問題，如果發生困難要紓困，他會叫國家編列預算，來支付他的損失，他自己不必支出，所以在此時就是資本家已經比政治人物來得大，這問題才是目前我們要研究的重點。

整個遊戲規則是這樣，人類有兩大錯誤的地方：第一個錯誤

是創造國家，人民原以為國家可以保護人民，其實創造國家對你
保護有限，但是收掉很多稅，按照舊時代稅金大概只抽百分之十，
但是現在的稅哪有低於百分之十？沒有，都超過百分之十，你的
購物稅起碼就是百分之五，那綜合所得稅再收，就是「萬萬稅」，
現在稅金都很重。

　　第二個錯誤，就是設立股份有限公司，發行股票換取鈔票，
這會讓有些窮人家變成大富豪。像台灣的有錢人，本省人有四個，
外省人有四個，一共八個，這個大家可以仔細的研究，他們取得
有錢的地位就是靠公司法、證券交易法，都是靠法律，剛剛講的，
你的錢就是我的錢，我的錢還是我的錢，大家的錢都是我的錢。

　　其實這個遊戲規則，共產黨很早就玩過。德國人要清楚辯證
論要花很多時間，他們提出的對抗方法是「本體論」，這些東西內
容很雜，不是我們今天要講的。關於這個部分，如果我們「真的
要國家強」，「真的要穩定」，不要這麼亂，有些東西則是要學的，
不能再像目前一些錯誤的作法一樣，換言之，我們目前在很多作
法上都是可以檢討改進的。

　　再探討幾個問題，我們是以「信賴」，抑或「監督」，還是以
「保證」為目的？以目前來講，就是對於某個東西不信任，改信
任另外一個，像我們不信任原來的檢察制度，所以我們信任檢改
制度，即認為原來的檢察制度有問題，所以我們信任這個檢改制
度。其實必須建立一套制度，但是「監督」還是不夠，因為只是
監督其不要做壞事而已，真正要做的是要提出一個比較細的遊戲
規則，也就是一個「法政策」，像是一旦出了問題誰負責，萬一怎
麼樣，就怎麼樣，很細微的東西，這就是法律體系的任務之一。
但台灣的法律體系，大概只有這兩個，我們信任院長也好，信任
檢察長也好，信任司法是公正的。至於「監督」，則由民間來做，
所以台灣的體系可以說停留在最原始的，這個東西一方面容易造

成集權，一方面可能造成整個沒有效率而癱瘓掉。

　　如以德國法制度為例，對抗財經犯罪是檢察體系。而其最高檢察長是主任檢察官選出，檢察長是公關部長，請大家喝咖啡的。然而台灣不一樣，台灣的主任檢察官相較之下就像幕僚了。我們看一下，正確的制度應該是要把「權力」分出來，才不會讓其獨裁，像美國制度是把他分出來，德國制度也是把他分出來，但台灣的法官似乎權力絕對不外放，法官抱持的權力集中，權力越多，危險越大，大家越不信任他，所以這是問題的所在。

五、全球化下的財經犯罪與財經刑法

　　全球化的問題就是多元化共同體，主要靠「遊戲規則」。這部分國外也是一樣，這個問題就是遊戲規則，我們首先要知道遊戲規則的基本方式，才知道要怎麼保護我們自己，來打法律規則戰。

　　其實我們的法律很悲哀，只敢打蒼蠅不敢打老虎。詳言之，我們的民法是人民跟人民之間的法律關係，這是民法。我們的刑法是人民跟人民之間的犯罪行為，了不起一點的犯罪，是人民對於個別公務員，就是妨害公務罪，或者是個別公務員對人民的所謂瀆職罪。而真正牽涉到所謂的「集團式的犯罪」，即運用國家權力的一個大型犯罪，像透過立法機關之「國會議員的犯罪」，並沒有規定成為條文，還有國家整個做出一些「違反人權」的犯罪，沒有規定。所以對這部分犯罪，檢察官可能認為沒有辦法，法官也可能認為沒有辦法，不只是我國，其他國家也沒有辦法，因此這部分只能針對小犯罪。

　　另一方面，我們講人類第二大的敵人，即股份有限公司，就是這種組織與財團，財團越來越大，我們目前能做的法律規則，

只是人民跟人民的小型犯罪,但是如果透過操作公司法、證券交易法,慢慢像雪球越滾越大的這種犯罪,我們沒有辦法,因為沒有遊戲規則,因為這個遊戲規則都壞死掉了,敢講的人也可能會面臨組織的封殺。現在從頭到尾整理一次。

我們的題目是「全球化下財經刑法之發展」,第一個問題是什麼是財經刑法?第二個問題就是財經刑法發展的情況如何?再來就是在全球化下財經刑法的發展如何?首先第一個部分,就是我們討論到第一次資本主義與二次資本主義,自從有了資本主義以後,資本主義就產生改變,原本是勞資對立的問題,現在變成資本主義原本是在國家的控制下,國家對其有很多限制,比如說資金的轉投資的設限、產業的介面,即禁止跨業經營,為了要把資本家設定在各個領域,讓很多人都有就業機會。

可是這思想影響到資本主義的發展,所以資本主義就會思索突破,運用各種管道來突破,因為是「代議制度」,所以他就遊說議會,讓他修改法律(遊戲規則),所以公司法裏頭「轉投資」的部分破解了,「跨業禁止」之設限也沒有了,可以跨業經營,即現在反而是鼓勵跨業經營,也鼓勵控股公司,鼓勵資本額越來越提高,所以才會有幾次的金改。幾次金改的思想,和國際的資本主義國際化,還有資本主義越來越集中化的觀念有關,也就是資本主義已經超越國際,不受國家法律的限制,透過國際的會議形成共識,來影響不同國家的法律,形成這種氣勢,這種氣勢我們被催眠成認為是正面的,大部分的人認為有意義,所以必須要跟著走,可是就會發生很多問題,它一開始適用策略聯盟,後來甚至也運用所謂具體的方法,像併購(merger)這些方式來集中他的財產,這個效果越來越大,所以這些問題在國際化、全球化下越來越厲害。

我們看一下全球化經濟體。全球化經濟體不論在 G7、G8 高峰

會議，或者是在歐洲、歐盟的經濟體，多存在有一個「擴張部」，他們在研究如何將不同的文化、不同的思想，融合到組織裏頭。歐美帝國的思考，其實最主要的是引用羅馬帝國的歷史，作為歐盟擴張的精神領導，在美國情形也一樣，他們早就研究羅馬帝國，以便形成第四帝國——羅馬第四帝國，所以這種觀念除了政治以外，經濟上也在擴張，人民的權利當然在這種思想下一定有所犧牲。

我們在研究這個領域時，最主要的是思考如何確保我們的基本權利。在此首先跟大家講「財經小犯罪」與「財經大犯罪」的區別，目前我們國內在辦的都是財經小犯罪，現在已經慢慢在形成真的大型的財經犯罪，對更大型的話，我們的刑事司法似乎沒有辦法，目前的檢察官、法官根本不是這方面的專家，因而他們也不知如何來認知及如何來對抗。

此外，「財經犯罪」與「傳統犯罪」的區別，傳統犯罪沒有涉及到長時性，也沒有涉及到集團性，而涉及到比較個別的、零星的，這部分是小型的傳統犯罪。我們的檢察官有受這方面的專長訓練，所以對這部分沒有問題。如果是以傳統犯罪的方法來對抗財經犯罪是有問題的，像我們的法官、檢察官其實是有此方面的認知不足的問題。像我們受到美國的三〇一條款壓力，訂定出買賣侵權品成為犯罪問題。

我有一個同學，是當法官的，他跟我講一個故事，他說有一個女性被告，她在通化夜市賣盜版光碟被逮捕，因證據確鑿，就依違反著作權法而判刑七個月，結果這個女的很快就被抓去關，出來以後，寫封信給法官說：「你這狼心狗肺的法官，因為我（被告）基於生活所需才在通化街賣光碟維生，結果我被關時我的小孩因為沒有人照顧，在這段時間死掉了。」這法官向我表示，做這種劊子手真的很慘，所以還是做教授比較好，他們擔任法官所

做的神聖任務，竟然是扮演這種資本主義三〇一的劊子手，把違反三〇一當作犯罪行為，是我們的立法院受了美國的壓力，當然一般民代沒有這種立法背景的思維觀念，而一般法官也沒有這種觀念，其實他可以判這個緩刑就可以了，判輕一點就可以了，但是因為要做「業績」，要匯報給美國老大，看一下我國司法保護智慧財產權的效果如何，所以我們知道連智慧財產權（IPR）都有可能受到國際的影響。

這方面也沒有什麼客觀公平的解決規則，我們國內因為所受的法思想訓練有限，立法院亂訂法律，法官則抱著法律來判，因為庭長最喜歡審理這些案件，庭長最喜歡判什麼案件？違反智慧財產和毒品，因為證據明確。我們知道，真正要瞭解法律社會的背景當然是比較難的，這是我們的法學院教育的問題，所以必須要有所謂政治的、經濟的、社會的教育，這些基礎教育反而才是重要的，如果沒有的話，法律的教育是有問題。

那麼我們法律人更大的問題是，我們只知道「判刑」，從來不知道監獄裏頭狀況如何。我們的法律系不上「刑事執行法」，就好像一個醫生他只看門診，不看住院的，但是他會把一些人丟去住院，他從來不巡視病房，難怪我們的法官被人家瞧得起的很少，因為養成環境不宜，導致他基本的品質不太好，這個不能怪他，是整個制度的問題，整個制度沒有要求他那麼好。

在財經部分，我們的法官更是知識有限，我們知道財經規則的制定者、執行者、審判者是三位一體，其實現在最主要的基本觀念都是資本家在操控，像我們的保險法，訂定者的版本根本就是與大保險公司的版本一樣，所以我們看保險法教授，或許有些人拿了很多關愛，他也不會有什麼不一樣的意見，像我們當刑法老師就比較窮，反之，他們就比較有錢。但如就長期來看，我們對國家有貢獻，對鄰居、對弱勢人民有貢獻；就他們來講，則對

他自己有貢獻，對他家人有貢獻，命運不同。

六、全球化經濟體

有關全球化經濟體的部分，也就是說，社會慢慢地影響人民的「財經民權」，財經民權怎麼講？原本我有投資，但是投資應有的回饋，現在卻拿不到，有可能被掏空，有可能資產被拿走，這時我們要靠法律來救濟，但是法律的救濟方法並不是找加害人來賠償，而是透過國家機制來給你錢，所以發生很多問題，就像大公司被掏空，提出的想法竟然是「最好是不要用刑罰，而用行政罰」，我們知道行政罰是公司用列帳銷掉，如果變成是罰鍰的話，就會拿公司的錢，而非個人的錢來繳納。所以罰金跟行政罰是不一樣的，但是台灣的財經法罰則，卻把許多刑罰都刪掉了，都改成行政罰。

當然這裏頭牽涉到內部的遊說，還有法律人被遊說，而一般人也搞不清楚，反正有罰錢就好，但是這錢來源不一樣，一個是公司的錢，而公司的錢極有可能就是被害人自己的錢，反之，如果是罰金的話，變成是公司負責人自己要出錢，所以基於這幾點，我們主張採用「財經刑罰」，而不用「行政罰」。

台灣有些人的想法，像有位老的大法官說「先行政後司法，先行政後刑法」，其意思就是說行政能解決的，就不要進入刑法的程序。所以法律完全牽涉到一種「思想」，法律不是技術，思想很重要。所以我們在規範「財經刑法」時，最主要可能講最基本的部分是「思想」，即要對思想能把持得住，把持「本質」是什麼，才是比較重要的。

而全球化的經濟體，究竟是以什麼「思想」為其組成的想法，

在在影響到「加入」國際組織、全球性組織時,如何取得競爭優勢,又能兼顧人民的「財經民權」之保障。

七、財經體制性犯罪

有關財經犯罪的本質與特徵,財經犯罪的本質不是傳統的犯罪,其行為是多數的行為,牽涉到結構性,另外還牽涉到結構性遊戲規則的制定問題,及遊戲規則的解釋、遊戲規則的執行。再者,其行為客體是大量的金庫,就是你交出去的那筆錢,有可能是國庫,亦有可能是公司裏頭的那筆錢,經過一段時間,這些錢就慢慢移轉成公司經營者的錢,這裏還有一個制度上的缺失,「上市公司」與「不上市公司」之間的「利益輸送」,由於我們主管機關只管自己的權益部分,所以利益輸送就有問題。我們曾經舉過例子,像有一家航運公司,他的船在國外因油污而被處罰鍰,那一家是「非上市公司」,就是因為油污所繳納的罰鍰,竟讓自己集團的「上市公司」來付,即上市公司付了部分罰鍰,非上市公司付了部分罰鍰,上市公司的股東算是倒楣了,此事與他有什麼關係呢?但是整個制度對此沒有人在管。

財經犯罪的本質,可以將之比擬成體系內自己細胞的癌化,亦即細胞自己產生質變,要預防質變,就得有一些偵查方法,而此偵查方法與一般傳統偵查方法有所不同,傳統偵查方法是從尾巴回溯調查,而在此之偵查方法,因為有些證據可能被刪掉,所以會接不下去,因此這裏改採「平行偵查法」,就是你做什麼東西,都要透明化予以揭露,即展示出來,最後我們再看他有沒有犯罪行為,不是用物證,也不是用人證,而是用當時的情況去做專業評估,即以「鑑定證據」為證據方法。

　　但是台灣的法官、檢察官都用人證、物證，所以難怪一審判有罪，二審判減一半，三審判無罪，因為統統用人證、物證，物證可以竄改，人證可以改變證言。這些問題，最主要的本質是不一樣的，因為歷經很長一段時間，有一定的發展軌跡，「掏空」一家公司，他要用什麼樣的計畫，用什麼方法，透過會計師，透過出帳入帳，透過很多的方式，而這些其實都有一些軌跡可循。

　　經濟犯罪的特徵具有長期性、隱藏性、巨額性、結構性；他的行為人群組，絕對不是單一的，行為人群組是很多人，首先是商人，我們講是公司的董事長之類，他在自己經營層次裏頭，如果要把資產「掏空」要用什麼方法？他必須設計很多「子公司」、「人頭公司」、「轉投資」、「交叉持股」等各種方式，然後裏頭安排自己的人，安排自己的人當監察人，接著招待媒體記者去玩，記者就報導你好的一面，然後也會給民代好處，像上一陣子不是講說什麼「股條」支持群嗎？流氓也一定要用，因為每年六月股東大會，小股東有的會來講話，所以「股東大會」要盡量開得短，在三十分鐘內結束，但是還是有人會來鬧場，於是就搬到鄉下去開，若還是有人鬧就找黑衣人，黑衣人會把他架出去，所以這個就是目前在玩的手法。但我們的法律則是睜一隻眼閉一隻眼，主管機關也不管。其實，最主要應該要有一個監督團體出現，但是也沒有監督團體，我們知道結構就是如此，真的出問題的時候，一定是找商人，但是真的掏空公司的人早就跑掉了，留在國內的人，通常不是那個主要行為人，像博達案，掏空的早就跑了，葉素菲人在國內，為了要消弭人的怨氣，她一定要負責，所以大家知道，要查個案情滿困難的。

　　最主要的問題應該出在「不負責原則」，什麼叫不負責原則？就是很多人來負責就是不負責，就像一個經過大會合議，就是沒有人負責，立法院一大堆人來同意，就沒有人對之負責，這就是

「不負責原則」，裏面用很多制度，使得發生狀況時不用負責，找不到人來負責。不負責原則就是到底誰來負責？誰應該負責這個部分？在規則上不是很明顯，所以這是個問題。

第二個問題主要出在「缺乏監督原則」，我們只是要求企業賺錢，但是沒有任何人來監督它，如果監督它，他們就會講「你不要一直防弊，要興利不要防弊」，但是他顯然忘了，這些錢大都是股東投資的，而不是經營者的錢，有這個錢給你，當然要對你監督啊，可是他講說：「你不信任我，不信任我你就把錢拿回去好了。」但是其實他才不要讓你拿回錢去，因為這些錢要「掏空」到海外去，給他們家族的第二代、第三代享用。

接著討論財經刑法的有效性。為什麼現在對抗財經犯罪沒有效果？財經刑法定不出來，即使設立一個什麼廉政公署也都沒有用，最主要的問題就是他不知道什麼是財經犯罪、財經犯罪的本質是什麼，他只是把財經犯罪認為是單純的侵占、違反會計商業登記法的行為，其實他有他的特色，另外也沒有思考如何建立一套負責的原則，負責的原則就是如果出了狀況誰來負最終的責任，而不是說開個會決定以後，大家都不必負責。我們也沒有一個客觀公平的法律規範，法律制度變成是「人治的制度」，董事會開過就決定了一切。

現在行政法提出一個解決方法叫作「比例原則」，其實比例原則是違抗「法定原則」的概念，法定原則就是規定得很清楚，比例原則就是「意定原則」，即「我的心中一把尺」，但每個人的心中一把尺，自己來裁量，可以說「各說各話」。如大家把這當作很寶貴的解決方法，則國家會慢慢回到不是法律制度，很多財經犯罪裏也是沒有客觀規則，而只有主觀問題，有主觀的引導能力，主觀的意志力，大家都崇拜偶像等等，但是真正要在法律上規定有關「權利保護」，對此部分不會著墨，既然不會著墨，就會有危

險，就會出現風險，所以沒有一個客觀公平的規則，是很嚴重的
財經現象。

八、監督機構的監督有效性

　　另外，監督機構也是很重要的，我們的監察人、會計師等等，
都存在有問題，一旦出狀況的時候監察人卻不必負責，也沒有人
去查監察人，因為人家都知道這是假的，為什麼假的監督制度還
要設立這套制度，乾脆把監察人制度廢掉好了，可是我們又捨不
得，我們要展現公司有人監督。

　　我們的人民也是一樣，人民沒有辦法監督監察人，也沒有一
個所謂的監督團體，來幫人民審查監察人的問題，來審查他提出
的會計報表、財測、財務報表。因為都沒有這個機構，結果大家
都把權力丟給官方機構，像金融業就丟給金融監督管理委員會，
但是產業類就沒有辦法丟了，丟給經濟部，經濟部其實它整個商
業可管不到這麼多公司，它以前也許有管，現在都不想管，所以
整個問題就出現了。人民如何建立起一套「財經的保證制度」，問
題點就是法律制度，細部的法律是目前大家亟需建立的，國外關
於這方面的法律制度當然巨細靡遺，而我們國內，則連開始都還
沒有。

　　這些所謂的財經企業家，成天思考著如何使財經發展得更
好。方法就是慢慢去合併別人，然後越來越大。譬如說你在德國
的法蘭克福，法蘭克福有兩個行業最大：一個是銀行，一個是保
險。金融業最主要就是房子蓋得很高，你進去裏面，就感覺有錢
人真好，看著房子這麼高，你就信任他，認為他不會倒，因為他
房子在，這房子是讓你有把你的錢丟進去給他的信心，為什麼我

們台灣搞這個一〇一大樓，就是表示我們有這種經濟實力，這些點是很重要的，就是他們操控這些對遊戲規則的信心，而我們要瞭解他，然後讓這個制度真正有效。

有關財經的組織架構，如上所述，現在說如何對抗董事？其實我的資產還是我的資產，那我的資產如何來保證？我買股票的意義是什麼？股票跟鈔票有什麼關係？股票能不能代表我跟你之間的關係是一個投資關係？這些點都要講，而不是說股票與鈔票得分開，投資者將鈔票已經交給公司負責人，而股票只是一個債權請求權，他也可以不要理你，目前情況就是如何形成「股東的權利」，即股東的「基本財經權利」在哪裏？這個是極重要的問題。

在此有很大的缺失，是必須要改的，要嘛就簡化，就是「監察人」與「董事」，涉及利益衝突，所以要迴避，處於不同的利益的角度，才能發揮監督功能。目前財經法秩序的維護之問題，最主要是出在哪裏呢？最主要是遊戲規則，被資本家所操縱，沒有站在人民的基本財經權利之角度來訂立遊戲規則；財經行政也是一樣，我們可以發現行政法的人多在幫財團說話，很奇怪，你念法律的怎麼會幫財團說話？我們的司法也很奇怪，口口聲聲這些不能辦，辦了會「動搖國本」，他沒有辦案，怎麼知道會動搖國本，所以應該是不辦才會動搖國本，辦了以後國本才會固定，即不辦案國本才會動搖，這些其實是司法的問題。

台灣的司法其實有很大的問題。司法原本在追求幾個問題：第一個就是除掉階級化、階層化；第二個是理性化；第三個就是民主自由化。可是台灣的司法非但沒有追求此三方面，反而權力越來越集中，階層越來越穩定，階層化越來越嚴重，越來越不理性，也越來越不自由。從國外看台灣最有問題的是司法，司法作為「三權分立」裏頭的一權，其實應該跟其他兩個權力不一樣，它不是統治權，它應該是站在人民的權利這邊，所以司法權不是

講 power，而是講 right，但是台灣人民要如何透過司法權而獲得權利的保障？這是個很大的問題。

九、當前檢察體系的問題

有關司法體系的問題，偵查和起訴的機關其實也不穩定，往往沒有固定的偵辦機關，靠抽籤決定，選擇案件也不穩定，我們目前只靠外部團體來監督、民間團體來監督，這其實不是法治社會該做的，因為可以把監督當作評估，但是不能變成常態，因為真的常態必須要有一套專門的法律來監督。真正來講，監督就是叫他們不要做壞事，但他們做好事時，也不獎勵，就是不獎勵他們做好事，我曾經在監察院講過，你們這些監督單位都是在監督別人做壞事，這樣不好，應該換個角度提出個想法，比如說一年做出一個很好的判決、辦一個很好的案件，很認真，檢察官很好，做個表來告訴大家你怎麼辦案、怎麼認真。

當然對財經犯罪來講，因為這是新的東西，許多法官都沒學過，目前來講，於二〇〇五年只能用查緝黑金中心，而查緝黑金中心就固定那幾個人，其實隱憂一直存在，如何把它建立成法律制度是很重要的，我的建議是：把它變成一個法律制度。

法官也一樣，檢察官與法官一樣，目前這種制度是有點問題的，我們如何不要再用這種延遲性的監督制度或組織，而能夠建立一套專業的財經犯罪的主任檢察官制度，可以不受外力的影響，真的好好地辦，這個跟檢察長有關，現在問題就是檢察長權力太大，而主任檢察官卻沒有權力，這些問題還需要詳加討論。

另外有個問題，要不要把「查緝黑金中心」提高層級到最高檢，其實，在此不是層級高低的問題，司法本來就是要「去掉階

級化」，你要回到最底層，但是現在又把它提到「最高」，所以這觀念存在有本質的認知問題。

有關德國的制度，對於財經犯罪，它可以讓一個「主任檢察官」專屬來辦，他可以累積很多經驗，長期下來，他可以觀察上市公司的一些利益輸送，及海外關係，他有很多經驗，這個部分當然很寶貴。這個部分的經驗對一個國家能否監督掌有權力的人其實極為重要，即必須要能夠建立一套有效體制。

財經犯罪的審理亦同，我們的法官權力太大，包括讓一些犯罪者變成不是犯罪者。我們要用什麼方式，就是法官權力要切割，目前司法院當然是在民意壓力所在而改刑事審判為交互詰問制，可是交互詰問制只是讓你前半部在那邊罵來罵去，最後決定權還是在我，權力還是沒有分出來。所以我們知道這是一個「聰明的改革者」，因為一個「被改革的對象」所提出一個「改革方案」，當然是不可信的，因為「司法院」就是被改革的對象，而他提出一個改革方案要我們聽他的，那當然是有問題的，但是台灣的老百姓太柔弱，他認為別人做就好，他不要做。別人做的都有問題。其實國外也有這種封閉的系統制度，只要能夠真的在審理上有一些好的法官，以後就可以領導財經犯罪未來的人力。

德國制度也是一樣，有參審法官，讓其他有經驗者來參加審理，這樣的話，就不會做出與人民感情並不相同的判決。法官的審理最主要的，當然是要具有全球化財經概念這種經驗法則，另外則是在邏輯法則，還有證據部分要如何來蒐證與調查證據，這時最重要的是建立監督的問題，再來是對構成要件的解釋問題。

十、全球化下的思維

　　全球化的財經犯罪與財經刑法，目前全球化這個概念甚囂塵上，但是「全球化」究竟是什麼意義，定義權掌控在不同的人手中；在美國的話，全球化當然就是指美國化；在歐洲，全球化就是指歐洲化；在中國，全球化是指亞洲新興國家主導；而一些小地方的全球化就是各地在地化，有各種關聯。

　　其實全球化有兩種不同的環節：第一個就是多元化，第二個是單一化。主導全球化要看用什麼樣的觀點，如果用經濟或政治的觀點來看，全球化當然是慢慢朝向辯證整合，最後集中，最後變成單一一元化。看看南北之間的問題，以坁在經濟問題來講，南北是不一樣的，北半球比較強，南半球比較弱，所以關於 G7、G8 這部分的討論，他們定義在一些國際會議紀錄的這些點，都會影響到整個未來全球的經濟發展。

　　另外就是「經濟共同體」的問題，現在全世界都走「組織戰」，我們必須要參加各種組織。經濟戰的意思，就像我所提及的跟敵人結盟，化敵為友，以獲取最高利益，是要參加一個經濟體，還是參加多重經濟體？這是一個很重要的問題。

　　再來會考慮到國際財團與國內財團的互動，國際財團、國際性的大型公司、跨國公司，他們用的是 IPR，IPR 其實根本只要所謂的授權就可以了，它根本不必有實際物品，所以這個部分就是法律的問題，也就是說智慧財產權有兩種層面的意義：站在強者的地位與站在弱者的地位，這部分本來就有爭執。

　　在全球化之併購的用意就是希望更有效率等等，台灣也有併購，台灣併購的意義，就是財產的更集中，讓有錢人更有錢，原

本希望他走出去，幫我們賺點錢，但是我們又怕他出走，怕他出走，又有很多規範存在，這些都有很多問題。

我們看看國外財經犯罪與我國財經犯罪的關聯。第一個部分，我們看一下 A 國、B 國，然後討論到國際的問題，敵對國國際的問題。國際的話，可以找到共通的部分，從正面而言，是經濟的部分，從負面而言，也可能是全球化的犯罪組織，這部分其實滿複雜的，他們通常不見得是全部運用合法的手段，有一半是非法的，即非法、合法夾雜在用。所以國際公司在國外研究的問題，就是所謂的貪瀆（corruption）的問題，國際公司在介入到、影響到他的市場利益時，就可能會牽涉到貪瀆的問題，就是賄賂醜聞，這是我們財經犯罪重點要研究的，還有像很多大型公司都有賄賂案，這個是我國要研究的問題，不只是軍購案，就連福斯公司介入哪一個系統，就賄賂官員，打通市場通路，這個問題其實應予以探討。

有關法律規則戰的幾個問題，在國內部分的法律規則戰，起碼可以穩住國內，國內的部分，如何保障我國人民的基本的財經人權，如何在遊戲規則上不要太離譜，起碼應該有的權利要有，應該有的監督機制要有，該負責的要負責，好的制度不會讓犯罪行為人完全享受權利，而沒有任何的義務和法律責任，這個是我們要討論的。

另外思想的主控則是很重要的。應該要有另外一種思想，就是對你財產權的基本思想很重要，而不是說繳了稅，就是國家的；反而在繳了稅後，要行使監督權。同樣地，你買了股票，對於企業經營者要有監督，而這些觀念可能都要有基本思想的改變。

十一、結論：知識是對抗的力量

結論第一點，就是財經犯罪是重大犯罪，這個重大犯罪由於「第二次資本主義」的越形深化與網絡化、垂直與水平擴大，他們也形成所謂「聚集現象」（conglomerate），聚集現象使得人民生活的空間越來越小。現在很難白手起家，很難創業，大家都要依附著大型公司，所以人民的財經基本權利更形重要，如員工動不動被老闆遣散，動不動被放「無薪假」，最後只能夠在被他遣散了以後，從國家那拿些救濟金，其實公司老闆應該要給你救濟金才對。

所以大家法律的基本觀念，就是要回到憲法基本權概念，在原本的權利喪失後，如何能夠獲取你的權利保障？尤其是在惡性的「掏空」，即資產被惡性地拿到國外，或透過所謂的哈瓦那銀行洗錢，讓投資的錢全部不見了、被掏空，在這種種惡性的企業下，或他惡性地被人家併吞掉，對於這些我們有什麼樣的防範之道極為重要，必須明確制定成規則。所以我們不能講說什麼「放眼世界、根留台灣」，那些口號沒有用，一定要「建立法律制度化」。在國外他們也長期在做這部分的研究，這部分其實對國家很重要，國家賺再多錢，都不敵犯罪所消耗掉的多，貪污、掏空才是嚴重的問題。你怎麼賺錢？很難賺，要花十幾年光陰，但是這些錢很可能在一朝一夕被 A 走了很多。

所以我們在講財經犯罪時說犯罪的型態有三種：ABC，A 錢，B 錢、C 錢。A 錢就是你錢給他，他把你 A 走；B 錢，就是財政部逼著你交稅金，不交不行；C 錢，就是大型公司把你的錢吸走，或者是保險公司，這個都頗嚴重的，一定要有法律制度。

　　知識是對抗的力量，我們念書，其重點是在知識，我們應該
有什麼樣的知識呢？要瞭解它的狀態、瞭解它的發展，瞭解應該
怎麼對抗，瞭解不只是信任與不信任的問題，瞭解不只是監督與
不監督的問題，而是瞭解要如何「建構」出「一套法律制度」，如
何在各種地方都能夠預防，發現問題馬上解決。

　　目前不只是財經犯罪，各種問題其實都涉及「風險的管控」、
風險的危險。因為我曾經主持一個計畫，關於傳染病的防治，知
道傳染病很嚴重，要馬上控制，要來處理，基本上若將對於傳染
病的風險管理的方法運用到「公司治理」跟「國家治理」，就不會
有問題，現在公司治理有問題，國家治理也有問題，問題都出在
欠缺「風險管控有效性」的認知及具體方法。

參考文獻

陳志龍，"Die Rechtsregulierung des Weltshandelsverkehrs aus
　　　Gesichtspunkt von Taiwan（從台灣的觀點看世界貿易的法律規
　　　制化，領域：財經刑法、全球化）"，泰國 Thammasat 大學與
　　　德國學術交流學會（DAAD）主辦國際學術研討會──泰國曼
　　　谷,「權力與法──全球化經濟之挑戰」國際研討會（Power and
　　　Law—Challenges from a Globalized Economy）發表之德文學術
　　　論文，2004。
陳志龍，〈如何抑制證券經濟犯罪〉，《月旦法學雜誌》，第 53 期，
　　　1999，頁 61-62；65-66。
陳志龍，〈財經犯罪之監督與鑑定證據（上）〉，《全國律師》，第 9
　　　卷，第 4 期，2005，頁 42-74。
陳志龍，〈財經犯罪之監督與鑑定證據（下）〉，《全國律師》，第 9

卷，第 5 期，2005，頁 77-114。

陳志龍，《財經發展與財經刑法》，元照，2006。

陳志龍，〈黑金政治與證交法罰則認知修正——證交法第一七一條
　　及第一七八條之一朝野協商的「金錢繳納罰鍰，司法被迫讓
　　步」之觀念商榷〉，《法學叢刊》，第 45 卷，第 3 期，2000，
　　頁 92-113。

陳志龍，〈開曼群島商怡星有線電視公司與我國十家有線電視公司
　　結合案不同意見書〉，行政院公平交易委員會五〇一次委員會
　　議不同意見書，《行政院公平交易委員會公報》，第 10 卷，第
　　7 期，2001。

陳志龍，〈跨世紀刑事司法改革的專業認知盲點〉，《法學叢刊》，
　　第 45 卷，第 1 期，2000，頁 54-84。

陳志龍，〈資訊揭露與公司治理（財經刑法）：法律哲理與制度—
　　公法理論〉，《馬漢寶教授八秩華誕祝壽論文集》，2006。

陳志龍，〈對抗貪瀆犯罪的法治國財監督之新思維〉，《全國律師》，
　　第 8 卷，第 3 期，2004，頁 90-105。

陳志龍，〈證券交易犯罪與國本之癌——兼論對上市公司有效監督
　　體制建立及財經民商法與財經刑法整合的重要性〉，《律師雜
　　誌》，第 239 期，1999，頁 19-37。

陳志龍主編，《金控公司與併購——金融改革與財經犯罪》，翰蘆，
　　2006。

陳志龍，《辯證與法學》，翰蘆，2008。

第十章
法與經濟學之整合研究

劉靜怡

學歷：美國芝加哥大學法學博士

現職：台灣大學國家發展研究所副教授

研究專長：資訊法與電信法、人權法制、法律經濟分析

演講日期：2005 年 12 月 21 日

一、前言

以台灣目前的情況來說，經濟學家都會說他不懂法律，可是真正會把法律經濟分析當作很關注研究的都是經濟學家。比如說早一點的前輩像熊秉元老師、朱敬一老師，或是目前經濟系有在做相關研究的林明仁老師；你會發現目前真正把法律方面當做學術在研究的，大概都是經濟學家。為什麼會這樣呢？法律人怎麼都不去做這一方面的研究呢？第一個原因可能是沒聽過；第二個原因大概是沒興趣；那第三個原因就是沒有能力去做。我們從這個現象出發，來看看為什麼會出現法律經濟分析這個學門。在台灣的學術環境中，大學好像很少開這種課，即使有也是選修課。台大經濟系大概最多老師可以開這門課，清大也很多，像于學平、黃春興、劉瑞華老師等。台大法律系以前是有開過這樣的課，在我念書的時代是葉俊榮老師開的。

所以從那時候我接觸到這門新鮮的學門到現在，已經十多年了，但我感覺到現在學生對這方面的東西還是很陌生，是因為你們沒有接觸過呢？還是因為你們心中對這個學門有些畏懼？畏懼可能是因為：我就是因為數學不好才去念法律，你還叫我去念法律經濟分析。

不管如何，我覺得你們應該嘗試去瞭解它的一個重要原因是：當前在美國法學研究的領域它幾乎是個霸權，就像經濟學是個帝國主義一樣。這樣講可是一點都不誇張，在美國你可以不是做法律經濟分析的人，可是你大概無法忽視法律經濟分析的這一套邏輯，你必須要去瞭解它，否則你跟你的同事對話都會出極大的問題。為什麼會這樣呢？以下我會慢慢把脈絡交代清楚。

二、爲何要法律經濟分析？

　　一開始我先引 Richard A. Posner 的一段話，他說：「對正義的需求，不能獨立於它的成本之外來看待。」[1]也就是說，正義可能都是有代價的。所以從供需來談正義這件事情是跟一般法律人的想法不太一樣。從 Posner 的背景來看，他並沒有任何經濟學的背景，他本身是一位道道地地的法律學者，因此你說你沒有任何經濟學的訓練所以無法理解法律經濟分析，我想不是一個太好的藉口，這是第一個重點。

　　第二，法律經濟分析是在講什麼？它是一個研究途徑（approach）或是研究方法（methodology）？到底它在法律學當中應用的情況是如何？接下來要談的是在近一個世紀以來，管制型國家、行政國家的發展。有趣的是法律經濟分析一路發展過來，它的時間點跟管制型國家、行政國家的發展歷程差不多，那它們之間到底有何因果關係？是魚幫水、水幫魚呢？還是都沒有關係，是我們多想？我們今天就是要來談談它的發展，以及受過哪些批評，像是批判法學派，或是傳統的法律學派，多少都會有些排擠，那到底法律經濟分析和這些批評者、對立者互相辯論過程當中，激起過怎樣的火花？可以怎樣的繼續發展下去？這些我們最後都會談到。

---

[1] 原文為："The demand for justice is not independent of its price." 見 Posner, R. A., *Economic Analysis of Law*, 6th. ed., New York: Aspen Publishers, 2003.

三、對法律經濟分析的歷史檢視——一個芝加哥大學的簡例

　　要講法律經濟分析大概必須要從芝加哥大學講起，這有些本位主義，但不得不如此，因為如果你去看譜系圖，很清楚的就是以芝加哥大學為中心整個擴散出去的。我們從時代脈落來看的話，在一九二〇、三〇年代，美國法學界有一個很重要的法學運動，就是強調專注於日常的實際生活，而非鑽研於理論，是種對先前的法律發展的反動，同樣的，在那個時代經濟學也出現了唯實論（realism）跟制度學派兩股勢力的激盪，當時整個美國大學法學院都在思考一個問題：要如何去改革教育的內涵、教育的走向及教育的方式，讓學生能夠適應劇烈變動的世界？一開始哈佛率先有些改革，像是蘇格拉底式的教育方式，接著其他學校也慢慢跟進。當時芝加哥法學院院長嘗試將經濟學、會計學整合到法律學的課程架構當中，那問題是要找誰來教呢？當時芝加哥經濟系有個很大的鬥爭，所謂的新派跟舊派的鬥爭，是很良性的鬥爭，當時一位學者 Henry Simons 因為在鬥爭中處於下風，沒有辦法拿到長聘，在這種情況下，到了法學院開設了一門課叫作 "Economic Analysis of Public Policy"，這是有史以來第一門在法學院開設跟經濟學有關的課。

　　結果這門課在法學院的反應情況良好，所以後來就出現了名為 "Economic Analysis of Law" 的課，接著 Simons 就和一些老師合開了關於反托拉斯（Anti-trust）的課程，法律經濟學慢慢的就由此持續發展，到了一九五八年出現了第一本期刊 *Journal of Law and Economics*，所以說，這樣的學派並不算是突然出現，它也是

經過五六十年累積而來，現今在美國做法律經濟分析的人差不多也是第三、四代了，因此總共大約是七、八十年的時間。

四、更多關於芝加哥大學

我剛提到芝加哥大學經濟系有所謂新、舊學派的良性鬥爭，主要就是怎樣去看待市場及政府的角色，從傳統古典的看法慢慢朝向新古典的看法走，一直發展到戰後，所謂的經濟學帝國主義就出現了。

二次戰後比較有名的所謂芝加哥經濟學派的幾個重要學者，像是 Stigler、Friedman，還有另一個經濟學獎得主 Gary Becker，他們都是把芝加哥經濟學派撐起來的重要人物。這幾個人分別有一些影響，比如說 Stigler、Friedman 對政府在什麼樣的情況下才可以介入市場的論述影響很大，你如果要談到芝加哥經濟學派一定會提到這兩人，因為他們是對美國政府跟市場關係貢獻最大的兩位。那 Gary Becker 可能貢獻更大，你們可能更常聽過，主要就是把價格理論應用到非典型經濟學分析的範疇，所謂的非市場行為之中，例如家庭經濟學、勞動市場上的歧視行為以及生小孩的行為等等。所以價格理論的思考模式在美國經濟學界、法律經濟學界來講，重鎮就在芝加哥大學。

另外也是很重要的，就是去開展制度經濟學或是新制度經濟學的兩位——Armen Alchian 和 H. Demestz，他們談的是所謂財產權配置跟效率之間的關係。之後，Ronald Coase 提出著名的寇斯定理（Coase Theorem），即「假設交易成本為零，不管把財產分配給誰，都是有效率的」。他把交易成本的概念帶進來，大約是六〇年代的事情。其他像是 Guido Calabresi 在法學院談的是風險分配對

侵權法的影響。說到這裏你就可以發現，差不多到七〇年代的時候，法律經濟分析在芝大已經站得很穩了，任何進法學院的人都非要接受這些不可。

五、法律經濟分析的擴散──教科書及背景

接著我們看一些法律經濟分析擴散的過程。我們剛說，差不多到七〇年代主流的法學院大概都有法律經濟分析的課，有一些常用的教科書就像我這邊列的這幾本；首先，Posner 的 *Economic Analysis of Law*，這本書最早在一九七三年出版，它不能說是教科書，比較像是論文集。

Polinsky 的 *An Introduction to Law and Economics*，Polinsky 是史丹福大學的教授，我開始上法律經濟分析的時候，葉俊榮老師就是用這本書；而 Cooter 和 Ulen 的 *Law and Economics* 也非常有名，Cooter 其實還有做一些憲法經濟學的東西；David Friedman 的 *Law's Order: What Economics Has to Do with Law and Why It Matters*，他爸爸就是 Milton Friedman，他擁有有法律跟經濟學位，這本書寫得滿好的，我以前在中央產經就是連續兩年都用這本書；Steven Shavell 的 *Economic Analysis of Law*，他是哈佛的法律經濟分析研究中心的主任，他的書較像是 Posner 那樣的方式寫的，不是一般的教科書形式。講到這個地方要跟大家提的是，幾個主流學校像哈佛、史丹福、喬治城、南加大等等，都有法律經濟分析研究中心，那芝加哥大學就不用講了，因此幾乎想不出來哪個 Top20、Top30 的學校沒有這樣的研究中心，所以擴散的程度是很廣的。

六、法律經濟分析世代的變遷──獨立學派及功能性分類

　　講了半天，也許我們可以稍微總結一下，法律經濟分析是一整個東西嗎？還是說它也有學派？首先，傳統的芝加可法律經濟分析學派是用供需的概念，即新古典經濟學的個經概念，像有些預設前提如理性的個人、效率、效用、價格對規則的影響以及市場和國家的關係等，這是傳統的芝加哥學派的途徑，你可以說它是第一代或是其中的一個派別。

　　那第二種就是以寇斯定理為核心去談，某種程度來說是傳統芝加哥學派的延伸，因為這一個派別主要是談交易成本，所以必然會談市場失靈的問題，當然也會觸及到政府介入的問題。

　　接著就出現新制度學派的經濟分析，這種學派大概就是概念範圍最廣的一種，它也是用傳統的個體經濟學、福利經濟學這樣的工具，可是它加進了像是公共選擇學派、賽局理論、制度經濟學。這學派關心的議題很廣，包括民主、政府如何運作，政府和產業間的運作，甚至也討論立法者跟政府行政官僚是否一樣理性，因此有些不同的想法出現了，像是偏向共和主義的人就有著不同的看法，那這兩者有些人會把它當作廣義法律經濟分析的其中一個支派。

　　另外還有一個在法學界的分支，有人會把它叫作 New Haven School（新港學派），這地方是耶魯法學院的所在地，基本上常春藤這幾個比較頂尖的學校，自由程度比較高些，他們某種程度上也受到法律經濟分析的影響，像我們前面提到的 Guido Calabresi；新港學派主要關心管制型國家所涉及的一些法規，以及公共政策

制定的問題。像前陣子來台灣的 Susan Rose-Ackerman，她進行了滿多行政法和環境法的研究。

另外一種所謂的更新的芝加哥學派，談的是法律和社會規範的關係，這學派也用了滿多前面我們所提到的法律經濟分析的工具，像是賽局理論等，也用了社會心理學等其他社會科學的工具，因此也有人稱作新的芝加哥學派（行為科學理論）。

七、法律經濟分析的本質與範疇

法律的經濟分析內容是什麼？首先，法律的經濟分析也有很規範的層面，它並非只是實證層面而已。它的內涵是什麼？它其實用了很多經濟學的理論去解釋法律，把很多理論的東西都放到實際的問題當中。它應用的範圍有多廣呢？像是民法、刑法，像是民法中的侵權行為、契約、環境法、訴訟程序，或是司法程序對正義的實現所造成的影響，以及刑事訴訟程序。

而行政法就更不用講，幾乎行政法的東西都可以用經濟的方式去分析，像是行政裁量的問題，即何種情況應給行政機關較多的裁量等。其他還有反托拉斯的研究、智慧財產權的研究、稅法和國際經濟、公司法、證券交易法等等，因此我們可以發現法律經濟分析的範圍既包括理論的層次，也包括實證的層次，有時是用理論的模型去操作，有時是做大量的量化研究。

所以我們可以說，法律的任何領域層面好像沒有經濟不可以分析、探討的，因此有人會開玩笑說，這好像是美國法學界的帝國主義一樣，但是這樣的說法並不十分貼切，原因在於其中沒有涉及所謂贏者和輸者的問題，因為它同時在探討的是為什麼要有法律？這樣的法律好不好？有何影響？應該如何去改變？所以對

我來說，並非是誰贏誰輸的問題。

八、對法律經濟分析的批評

　　有沒有人對法律經濟分析提出批評？其實很多。一個最常見的批評就是，法律經濟分析的東西太過度簡化；因為只是先假設，然後由假設去推一些東西，批評者認為這樣是不切實際的、脫離現實世界的。但是法律經濟分析的反駁是：簡化的過程是任何社會科學都需要的。I Newton 的定律難道不是過度簡化嗎？Einstein 的定律難道不是簡化嗎？因此這樣的批評，有些人覺得並不公平。

　　另外一種批評是，當你在做經濟分析時，永遠都在談模型。在這方面比較有利的辯護是：用模型來分析有它的實用性在，而且可操作性是比較高的；其他的社會科學難道沒有一個模型或分析架構來幫助你做思考及分析嗎？

　　另外一種攻擊是說，經濟學過於冷血，只會講效率，那公平、正義到哪裏去了呢？經濟學家或法律經濟學家會反駁說：那是你誤解了效率的意義。效率是有很多種的，例如巴列圖最適化（Pareto optimal）是指在任何人的效用不會減少下，讓社會上的總效用可以提升。如果從這角度去考量，你覺得效率的概念本質上是違背正義的嗎？好像也不盡然。或者法律經濟學家會這樣反駁說：法律經濟分析是談在一個資源有限的世界中，怎樣的制度安排、法律制度可以讓分配更有效率，而這樣的分配難道不是正義的嗎？

　　也有批評者認為法律的經濟分析都是在反政府干預、管制。其實也不盡然如此，像我們剛才也談了很多市場失靈、政府失靈的問題。還有一個有趣的攻擊是：經濟學家都是保守的。但是其實法律的經濟分析有提供自由主義者一些基本的理論基礎；它可

能有些保守，但在某些情況下其實是和自由主義有相通之處的。

也有些人會說：法律的經濟分析好像都在談規則應該怎樣制定才是對的？怎樣的規則才是最有效率？意思就是你只有影響到立法機關。不過從我們剛剛的談論就可以知道並非如此。也有批評者質疑這樣的分析是不是只適用在習慣法（common law）或是法官造法的層次呢？這也是一個誤解，畢竟我們剛剛也談到法律經濟分析對於很多的實證法提供了理論的建議。

最後就是對所謂的法律被殖民國家一個重要的考量，像我國的法律做了很多比較法的研究，甚至我們的法官在解釋法律、適用法律時，也做了很多比較法的東西，這中間會出現屬於經濟學的理論——路徑相依理論，也就是如果你的法律文化喜歡做比較法，那麼這比較法的研究就會一直做下去。在這樣的法律文化下，要如何引進法律的經濟分析，並做出很適當的整合？因此有人就認為很難把法律經濟分析的研究途徑，放到這樣的背景脈絡中，該怎麼解決呢？這是一個有趣的問題。

九、與其他學派的對話及未來必須克服的事情

法律唯實主義（legal realism）對法律經濟分析有相當程度的影響，整個法律唯實主義的精神並非只有引進社會學的分析，它相當程度上也催生了法律經濟分析的出現；一些更新流派像是美國出現的批判法學派（critical legal studies），對法律經濟分析所謂的霸權其實是有非常多的批評，雖然批判法學派的對手主要是傳統法學院的那些人，但是他一樣會批評法律經濟分析只會講模型、經濟學的理論，法律其實是政治的，所以法律經濟分析講的那套都是無用的；而女性主義法學者也有類似的批評就是：法律

不但是政治的，還是專屬於男人的政治產物，是父權的。他們認為法律經濟分析學者所做出來的結果，只不過是要正當化那套父權東西而已。最近我也發現有女性主義法律經濟分析的出現，是個相當有意思的發展，主要就是做福利經濟，配合經濟學的理論往女性主義的方向做。

最後提出幾個問題讓你們去思考：為什麼法律經濟分析會有其重要性？再者，作為一個分析工具，它是否還需要有一個更好的標準？第三，我們剛提到法律的經濟分析是規範的，也是實證的，那是否需要多去做實證的研究？在這樣思考的同時，別忘了台灣的法律人幾乎是不做實證研究的；最後，我們在談法律時，不論是從哪個角度切入，最終極目標是否在談法律制度如何去影響資源的分配？這樣的分配是否有效率？法律的經濟分析直到今日，雖然沒有告訴我們法律應該往哪個方向走，但至少告訴我們現行的法律是否正確，是否有需要改進的地方，因此仍然有其貢獻。

參考文獻

Becker, G. S., *The Economics of Discrimination*, Chicago: University of Chicago Press, 1971.

Becker, G. S. & Landes, W. M.(eds.), *Essays in the Economic of Crime and Punishment*, New York: National Bureau of Economic Research; distributed by Columbia Univ. Press, 1974.

Calabresi, G., *The Costs of Accidents: A Legal and Economic Analysis*, New Haven: Yale University Press, 1970.

Coase, R. H., *The Firm, the Market, and the Law*, Chicago: University of Chicago Press, 1988.

Cooter, R. & Ulen, T., *Law and Economics*, 4th ed., Boston: Pearson/Addison Wesley, 2004.

Friedman, D. D., *Law's Order: What Economics Has to Do with Law and Why It Matters*, rep. ed., Princeton, N.J.: Princeton University Press, 2001.

Hetcher, S. A. (ed.), *Norms in a Wired World*, Cambridge: Cambridge University Press, 2004.

Katz, A. W., *Foundations of the Economic Approach to Law*, Foundation Press, 1998.

Minda, G., *Postmodern Legal Movements: Law and Jurisprudence at Century's End*, rep. ed., New York: New York University Press 1996.

Posner, R. A., *Economic Analysis of Law*, 6th ed., New York: Aspen Publishers, 2003.

Posner, R. A., *The Problematics of Moral and Legal Theory*, new edited ed., Cambridge, Mass.: Belknap Press of Harvard University Press, 2002.

Polinsky, A. M., *An Introduction to Law and Economics*, 3rd ed., New York : Aspen Publishers, 2003.

Rose-Ackerman, S., *Controlling Environmental Policy: The Limits of Public Law in Germany and the United States*, New Haven: Yale University Press, 1995.

Simons, H. C., *Economic Policy for a Free Society*, Chicago: University of Chicago Press, 1948.

Stigler, G. J., *The Theory of Price*, New York: Macmillan, 1946.

Sumstein, C. (ed.), *Behavioral Law and Econmics*, Cambridge

[England] ; New York: Cambridge University Press, 2000.

Shavell, S., *Economic Analysis of Law*, New York, NY: Foundation Press, 2004.

法的全球化與全球化的法

策　　劃／台灣大學國家發展研究所
主　　編／李炳南
作　　者／葛祥林等
責任編輯／周海蕙、吳柏寬‧李瑞清
出 版 者／揚智文化事業股份有限公司
發 行 人／葉忠賢
總 編 輯／閻富萍
地　　址／台北縣深坑鄉北深路三段 260 號 8 樓
電　　話／(02)8662-6826
傳　　真／(02)2664-7633
網　　址／http://www.ycrc.com.tw
　E-mail ／service@ycrc.com.tw
印　　刷／鼎易彩色印刷股份有限公司
　I S B N ／978-957-818-909-6
初版一刷／2009 年 11 月
定　　價／新台幣 300 元

國家圖書館出版品預行編目資料

法的全球化與全球化的法＝ Legal
globalization and globalizing laws / 葛祥林
等著；李炳南主編. -- 初版. -- 臺北縣深
坑鄉：揚智文化, 2009.11
　　面；　　公分. --（揚智叢刊：52）
含參考書目

ISBN 978-957-818-909-6(平裝)

1.法學　2.全球化　3.文集

580.7　　　　　　　　　　　　98007136